DON BOSCO
VERLAG

Sigmunda May/Christina Mülling

VON GOTT GEHEILT

HOLZSCHNITTE ZUR BIBEL

DON BOSCO

Die Deutsche Bibliothek - CIP-Einheitsaufnahme

May, Sigmunda:
Von Gott geheilt : Holzschnitte zur Bibel / Sigmunda
May / Christina Mülling. - München : Don-Bosco-Verl., 1996
ISBN 3-7698-0835-5
NE: Mülling, Christina:

1. Auflage 1996 / ISBN 3-7698-0835-5

Umschlag und Layout: Felix Weinold
Satz: Salesianer Druck, Ensdorf
Lithos: O. K. Meyer KG, München
Druck und Bindearbeiten: Druckerei Gebr. Bremberger, München

Inhalt

Von Gott geheilt

Erfahrungen der Heillosigkeit in unserer Zeit

Unsere Zeit ist geprägt von einer tiefen Heillosigkeit. Wir alle sind Verwundete: verwundet von Krankheit, einer Behinderung oder vom Tod; verwundet von der Vergangenheit, der Nichtannahme unserer selbst; verwundet von Haß und Angst, fehlgeschlagenen Beziehungen und verweigerter Vergebung. Unser Herz leidet unter Einsamkeit, dem Gefühl des Versagens und der Schuld. Die tief im Menschenherzen verwurzelte Sehnsucht nach bedingungsloser Liebe und Angenommensein, nach wahrer Heimat, nach Echtheit und Freiheit wird ständig frustriert. Die Sehnsucht, die den Menschen eigentlich über seine eigenen Grenzen hinauslocken und ihn für ein Du öffnen sollte, richtet sich suchtartig auf ihn selbst zurück. Wo die Sehnsucht das Sehnen verliert, bleibt jedoch nur noch die Sucht. Ein Leben, in dem die Sehnsucht kein lohnenswertes Ziel mehr hat, an dem sie sich festmachen könnte, wird hoffnungs- und sinnlos. So werden die eigenen Bedürfnisse und Sorgen zunehmend zu einem Käfig, in den sich der Mensch selbst einsperrt. Die Sinnlosigkeit ist eine tiefe Wunde unserer Zeit. Stigmatisiert von der Gottlosigkeit, sind die Menschen in ihrer Not und Ausweglosigkeit auf sich selbst zurückgeworfen, unfähig, von sich aus das Heil wiederherzustellen.

In all diese Verwundungen streut die Gesellschaft ständig neues Gift. Die Treue ist nur noch so lange ein Wert, bis der oder die Nächstbessere kommt. Das Leiden wird zu vermeiden versucht durch Kompensationen aller Art. Die Sinnleere wird mit Ersatzbefriedigungen und fragwürdigen Philosophien ausgefüllt. Die Familie ist in der Krise. Den Kindern fehlt es zunehmend an seelischer Reife und innerer Ausgeglichenheit. Sie sind voller Angst und Unsicherheit, ja Aggressivität. Die Angst und der Hunger nach Liebe drängen zu einer Form von „Liebe", die immer liebloser wird.

Kein Wunder, daß die Sehnsucht nach Heil und Heilung, ja nach transzendentaler Erfahrung immer größer wird. Wie Pilze schießen mehr oder weniger seriöse „Heilsangebote" aus dem Boden. Die Nachfrage nach Meditationsangeboten aller Art, nach Beratung und psychotherapeutischer Hilfe ist groß. Die Psychologie kann vielleicht helfen, einige Situationen zu lösen, indem sie relativiert. Sie kann helfen, den Ursprung unserer Ängste aufzusuchen, die bis dahin verborgenen Leiden mit weniger Angst anzuschauen. Aber sie kann nicht helfen, die Wunden des Herzens zu heilen, „die tödliche Austrocknung des Emotionalen und Spirituellen" (Guido Kreppold, Die Bibel als Heilungsbuch, Münsterschwarzacher Kleinschriften Nr. 25, 1985) zu beseitigen und die klaffende Leere der Sinnlosigkeit zu füllen. Wo kann der Mensch eine Antwort auf seine Sehnsucht nach Befreiung und Erlösung, nach bedingungslosem Angenommensein finden?

Die Bibel als Heilungsbuch

In den Bildern der Bibel begegnen wir Menschen, die genauso vom Leben verwundet und enttäuscht sind wie wir; Menschen, die durch fremde oder eigene Schuld vor den Trümmern ihres Lebens stehen und nicht mehr weiterwissen; Menschen, die auf der Suche nach Leben und Erfüllung in Sackgassen geraten sind. Mit den Niedergeschlagenen, Ohnmächtigen und vom Leid Gebeugten können wir uns identifizieren, in ihrem Leid können wir auch unsere Leiden anschauen und annehmen.

Die Bilder der Bibel bleiben jedoch nicht bei der Not und dem Elend des Menschen stehen. Sie führen in eine Gottesbegegnung und damit in eine Not-Wendung hinein. So können sie auch in uns, manchmal unbemerkt, eine Heilung und Wandlung bewirken, zumindest jedoch zu einer Quelle des Trostes und der Hoffnung für uns werden. „Wenn der Mensch durch äußere Bilder in Berührung kommt mit den in seinem Unbewußten bereitliegenden Archetypen, dann wird in ihm etwas ganz und heil, dann kommt der Prozeß der Individuation, der Selbstwerdung, in Bewegung. Die biblischen Bilder haben als Urbilder etwas von der Wirkung an sich, die C.G. Jung den Archetypen zuschreibt. Sie sind nicht in erster Linie Vorbilder, die wir nachahmen müßten, sondern Urbilder, die sich in uns einbilden und die das in uns hervorheben, was Gott uns an Möglichkeiten geschenkt hat“ (Anselm Grün, Bilder von Seelsorge, Mainz 1981).

In vielen Bildern und Gleichnissen spricht die Bibel von unserer Erlösung. Sie stellt uns Bilder vor Augen, in denen wir uns mit unserem Leben, unseren Wunden und Nöten, unserem Scheitern und unserer Sehnsucht wiederfinden können; Bilder, die von der bedingungslosen Liebe Gottes zu uns Menschen und seiner grenzenlosen Barmherzigkeit sprechen.

Wenn wir unter diesem Aspekt vor allem die Bilder des Alten Testaments anschauen und sie auf uns wirken lassen, dann erfahren wir möglicherweise etwas von der Kraft und Hoffnung, die von ihnen ausgeht und die neu in unser Leben einfließen kann. Da ringen wir vielleicht wie Jakob mit der Dunkelheit und Schuld unserer Vergangenheit und dürfen dabei wie er erfahren, daß wir als Gesegnete herauskommen, die Gottes Angesicht geschaut haben. Oder wir liegen wie Elija auf dem Boden und möchten am liebsten sterben und dürfen dann mit ihm erleben, wie ein Engel kommt, aus dessen Berührung uns neue Kraft zum Aufstehen und Weitergehen zukommt. Wenn wir lernen, die Bilder und Geschichten der Bibel so mit unserem Leben zusammenklingen zu lassen, dann wird die Bibel zu einem echten Heilungs- und Befreiungsbuch.

Das Neue Testament ist voll von Heilungsberichten. Es heißt dort, daß von Jesus eine Kraft ausging, die alle heilte: „Jesus kam an den See von Galilea. Er stieg auf einen Berg und setzte sich. Da kamen viele Menschen und brachten Lahme, Blinde, Krüppel, Stumme und viele andere Kranke zu ihm; sie legten sie vor ihn hin, und er heilte sie. Als die Menschen sahen, daß Stumme plötzlich redeten, Krüppel gesund wurden, Lahme gehen und Blinde sehen konnten, waren sie erstaunt und priesen den Gott Israels" (Mt 15,29-31).
Blinde (Mk 10,46-52) und Taube (Mk 7,31-37), Lahme (Mk 2,1-12; Mt 9,1-8) und Gekrümmte (Lk 13,10-17), Aussätzige (Mk 1,40-45; Mt 8,1-4) und Besessene (Mk 1,34; Mk 1,21-28) wurden von ihm geheilt, ja sogar Tote erweckte er zu neuem Leben (Lk 7,11-17; Lk 8,49-56).
Von Jesus ging etwas aus, das alle diese Menschen wieder aufrichtete und ihnen neues Leben schenkte. In seiner Gegenwart gingen ihnen die Augen, Ohren und Herzen wieder auf, das Lähmende fiel von ihnen ab, und sie konnten sich und die anderen wieder mit neuen Augen sehen.

Die Botschaft vom Anbrechen des Reiches Gottes war bei Jesus eng verbunden mit der Heilung und Befreiung der Menschen. Er wußte mit einer tiefen Gewißheit, daß ein wesentlicher Teil seiner Sendung darin bestand, sich unter die Leidenden zu begeben und sie zu heilen. Er kam zu den gefallenen und verwundeten Menschen, um sie zu erlösen und in jeder Weise zu befreien. So wurde deutlich, daß das Reich Gottes eben gerade auch dadurch sichtbar wird, daß Menschen wieder heil und ganz werden.
Dabei können die Krankheiten, die Jesus geheilt hat, sowohl organischer als auch psychosomatischer Natur sein. Sie alle haben in der Tiefe etwas mit unserer Seele zu tun. Und so können wir in diesen Kranken auch alle Gebrechen unserer Seele wiederfinden.
Da werden z. B. Blinden die Augen geöffnet. Wie oft verschließen wir die Augen vor etwas, was wir nicht wahrhaben wollen oder ertragen können. Oder wir „sehen nicht mehr hinaus", haben keine Perspektive mehr für unser Leben. Unsere Seele hat blinde Flekken, in die wir, wie in eine Falle, hineinlaufen können.
Oft sind wir taub. Wir haben unsere Herzen und unsere Ohren verschlossen. Wir wollen oder können nicht hören, was für uns lebens-Not-wendig ist.
Und wieviele Menschen gibt es, die verstummt sind: Menschen, denen durch schlimme Erlebnisse das Wort im Hals steckengeblieben ist, denen es buchstäblich den Atem verschlagen hat.
Wer fühlt sich nicht auch manchmal wie gelähmt, „müde geworden von der Last des Lebens, mutlos geworden, weil alles keinen Sinn mehr hat" (Eugen Drewermann, Taten der Liebe, Freiburg 1995). Wir erleben uns gehemmt und können nicht aus uns herausgehen.

Oder gehören wir zu den Gekrümmten, zu denen, die unter ihrem Schicksal fast zusammenbrechen, oder jenen, denen man das Rückgrat gebrochen hat? Vielleicht fühlen wir uns auch „wie aussätzig und können uns selber nicht ausstehen. Wir erfahren uns ausgeschlossen, den Blicken anderer ausgesetzt" (Anselm Grün, Tiefenpsychologische Schriftauslegung, Münsterschwarzacher Kleinschriften Nr. 68, 1992), abgeurteilt und nicht angenommen.
Oder sind wir nicht auch wie besessen, „hin- und hergezerrt von den verschiedenen Wünschen und Bedürfnissen", und „richten unsere Aggressionen selbstzerstörerisch gegen uns selbst"?
Manchmal fühlen wir uns auch wie tot und müssen schmerzvoll entdecken, daß „vieles in uns abgestorben, starr und leblos geworden ist" (Anselm Grün, Tiefenpsychologische Schriftauslegung).
Alle diese Erfahrungen sind in den Heilungsberichten mit angesprochen. Jesus will nicht nur den kranken Leib, sondern auch die kranke Seele heilen.

Auffallend im Neuen Testament ist, daß die meisten Heilungen mit Berührungen verbunden waren: „Und alle, die ihn berührten, wurden geheilt" (Mk 6,56).
Die Liebe Jesu zu den Menschen war nicht geistig abgehoben, sondern menschlich handgreiflich. Allein dem Berühren einer anderen Person, auch ohne Worte, wohnt schon eine heilende Kraft inne. Berührung schenkt Angenommensein, Nähe, Zärtlichkeit. Berührung, die dazu von Herzen kommt, reicht tiefer: sie rührt das sehnsüchtige und verwundete Herz an und ist in der Lage, es zu heilen und zu trösten.

Wie können wir uns heute von Gott berühren und heilen lassen?

Wie können wir heute mit den Heilsangeboten der Bibel in Berührung kommen? Der Zugang zur Heilkraft der biblischen Bilder ist uns häufig verstellt: Viele Geschichten sind uns schon so bekannt, daß sie an uns vorbeiziehen, ohne uns noch in der Tiefe berühren zu können. Oft ist es schwierig, einen Bezug zum eigenen Leben herzustellen. Die Inflation der Wörter, die wir täglich erleben, erschwert es uns, an die Wahrheit hinter den Worthülsen heranzukommen und sie auf uns wirken zu lassen.

So müssen wir andere Wege suchen, um zur Heilsbotschaft der Heiligen Schrift wieder einen Zugang zu bekommen. Eine Möglichkeit dazu ist der Weg über Bilder. Bilder sind verdichtete Worte. Sie haben oft einen direkten Zugang zu unseren Gefühlen und zu unserem Unbewußten. Sie können Tore nach innen öffnen, durch die wir mit der Heilsbotschaft des Wortes, mit dem menschgewordenen Wort Gottes selbst in Berührung kommen können. Bilder sind eine Möglichkeit, die Heilskräfte im Menschen ganzheitlich anzusprechen, ihn in seinem innersten Zentrum zu treffen. Durch das behutsame Herantasten an das Bild und die darin verborgene Botschaft wird der Betrachter in die Gotteserfahrung des alt-

und neutestamentlichen Menschen mit hineingenommen. So können Bilder zu einer Heils- und Gotteserfahrung für das eigene Leben werden.

Lassen wir uns mit unserer ganzen Existenz auf diese Bilder ein und nehmen wir in ihnen die Einladung Gottes zu einer heilenden und befreienden Begegnung mit ihm an.

Der Prophet

Sir 48,1

„Da stand ein Prophet auf wie Feuer, seine Worte waren wie ein brennender Ofen“ (Sir 48,1).

Das Bild zeigt einen Menschen, der Feuer und Flamme ist. Alle seine Sinne sind nach oben gerichtet. Er ist ganz Auge und Ohr für das, was seinen Augen entzogen ist. Es ist, als schaute er Dinge, die für uns noch im Dunkeln liegen, die aber so bedeutsam sind, daß er seinen Blick kaum davon abwenden kann; Dinge, die ihn ganz in Beschlag nehmen. Etwas Ungeheuerliches scheint in sein Leben eingebrochen zu sein. Er wirkt wie vom Blitz getroffen, wie ein Ergriffener, den nun das Geschaute und Gehörte in Bewegung setzt. Das Vernommene scheint keinen Aufschub mehr zu dulden. Seine Füße fliegen über die Erde und berühren nur noch mit den Zehen den Boden. Trotz seiner Bewegtheit strahlt seine Gestalt aber dennoch Ruhe aus. Die Bewegung, die aus seiner Mitte herausfließt, wird dort durch seine Gesammeltheit auch gehalten.

Eine Diagonale teilt das Bild in zwei Hälften. Die linke Hälfte ist erfüllt von der Dunkelheit, die vor diesem Menschen liegt und die es noch zu durchschreiten gilt. Die rechte Bildhälfte ist bestimmt von der Erfahrung des Augenblicks, auf den er sich einläßt, in dem er sich mit seinem ganzen Wesen sammelt, den er durchlauscht und durchspürt. In diesem Augenblick steht er, nur hier berühren seine Füße den Boden, in ihm findet er Halt und Sicherheit.

Was hinter ihm liegt, scheint ihn nicht zu bekümmern, was vor ihm liegt, ihn nicht zu ängstigen. Jetzt ist der Augenblick, auf den es ankommt, den es nicht zu versäumen gilt und der ihn mit seiner ganzen Person einfordert. Jetzt ist die Zeit des Erkennens und Handelns. Jetzt ist der lichte Moment der Begegnung, die ihn über sich selbst hinaushebt. Und so ist auch seine ganze Gestalt in Licht gehüllt und aus der Dunkelheit herausgehoben. Die Nacht wird aufgerissen von einem hellen Schein, der auch vom Boden reflektiert wird. Der ganze Mensch scheint gleichsam in Flammen zu stehen. Er wirkt wie eine Fackel, die verzehrt wird von dem Feuer, das in ihm brennt.

Die linke obere Bildhälfte ist geprägt von den großen offenen Händen, aus denen Flammen schlagen. Ganz in der Gegenwart stehend, weisen die Hände über diese hinaus. Ihr Feuer durchdringt die Zukunft, die vor ihm liegt. Die Flammen, die aus seinen Fingern schlagen, sprengen den Rahmen des Bildes. Sie weisen über das viereckige Format, über die „Welt“, hinaus und nehmen den Betrachter in eine Bewegung mit hinein, die den Blick auf etwas Höheres richtet. Es ist deutlich, daß diese Hände ihre Strahlkraft nicht aus sich selbst haben. Aus ihnen strömt heraus, was durch die Augen in ihn hineingeflossen ist und sein Herz entzündet hat.

Es sind Hände, die nichts für sich zurückbehalten oder fordern; Hände, die bereit sind zu empfangen und zu geben. Es sind aber auch betende Hände.

Hände, die Gebete wie ein Brandopfer zum Himmel schicken, aus denen die Sehnsucht des Herzens zum Ausdruck kommt.

Der Mensch, der hier dargestellt ist, ist ein Prophet. Propheten sind heute gefragt. Menschen, die vorgeben, einen Blick in die Zukunft werfen zu können, erfreuen sich einer steigenden Beliebtheit: Wahrsager, Kartenleger, Pendler, Astrologen. Groß ist jedoch die Enttäuschung, wenn sie sich als falsche Propheten entpuppen, als Propheten, in deren Mund der Geist der Lüge ist (1 Kön 22,23). Was aber kennzeichnet einen echten Propheten? Hinweise dafür finden wir vor allem im Alten Testament.

Dort sind Propheten Menschen wie Feuer, die aufstehen von der verbrannten Erde eines Volkes, um neue Wege aufzuzeigen, die aus Hoffnungslosigkeit und Resignation herausführen. Gegen die Zukunftsangst der Menschen stimmen sie ein Hoffnungslied an, im Bewußtsein, daß ihr Geschick in den guten Händen eines treuen Gottes liegt.
Propheten sind unbequeme Rufer, die gegen den Strom schwimmen: gegen den Strom der Anpassung, der Selbstzufriedenheit und Ungerechtigkeit. Sie legen ihre Finger auf die Wunden der Zeit und weisen auf deren Konsequenzen in der Zukunft hin, jedoch nicht ohne gleichzeitig einen Heilsweg aufzuzeigen. Gegen die Angepaßtheit provozieren sie zu kritischem Denken und Nonkonformismus. Sie sind Provokateure des Hoffens wider alle Resignation, des Vertrauens wider alles Mißtrauen. Sie wollen das Gewissen schärfen und das Gute in jedem Menschen herauslocken und stärken.
Vor allem aber sind Propheten von Gott ergriffene Menschen. Das Feuer des Geistes hat sie entflammt; ihre Worte verbrennen alles, was nicht vom Geist ist. Gleichzeitig sind sie einer harten Prüfung unterworfen, so lange, bis sie schließlich zu Signalen werden, die einzig und allein auf das Handeln und den Willen Gottes hinweisen.
Kein echter Prophet macht sich selbst dazu. Gott ruft ihn heraus. Mit seiner ganzen Macht mutet er sich einem Menschen zu, der von der Wucht dieser Zumutung erschlagen würde, wäre ihm nicht gleichzeitig der besondere Beistand Gottes zugesagt. Der Prophet muß sich in seiner Schwachheit und seiner Ohnmacht Gott zur Verfügung stellen, damit er in ihm und durch ihn wirken kann. Ein Hörender muß er sein, der das Vernommene ohne Verfälschung weitersagt. Ein brennendes Herz für Gott und die Menschen muß er haben; ein Herz, das von der Liebe Gottes getroffen und verwundet ist.

Auch heute beruft Gott noch Propheten, Menschen, in deren Herzen er den Funken göttlicher Liebe entfacht. In ihre Hände legt er göttliche Macht, und auf ihre Herzen bindet er das Schicksal seines Volkes. In seinem Namen erheben sie ihre Stimme, um seinen Willen und seinen Trost in die Dunkelheiten unserer Zeit hineinzurufen. Es liegt an uns, ob wir ihren Worten in uns Raum geben wollen, um uns von ihnen bewegen zu lassen, oder ob ihre Worte ungehört verhallen.

Steh auf, denn du hast noch einen weiten Weg

1 Kön 19,1–13

Da liegt einer am Boden; einer, der nicht mehr kann und nicht mehr will. Sein Gesicht drückt die ganze Kraftlosigkeit und Lebensmüdigkeit aus, die von diesem Menschen Besitz ergriffen hat. Die abweisende Schulter wirkt wie der Gipfel des Berges, an dem er zusammengebrochen ist. Alles an ihm ist Abweisung, Resignation, Enttäuschung.

Unbemerkt breitet sich über dem, der nichts und niemanden mehr erwartet, wie ein Firmament die Anwesenheit Gottes in der Gestalt eines Engels aus. Der Engel beherrscht fast den ganzen Bildraum. Von einer überirdischen Dynamik getragen und in Balance gehalten, läßt er sich in die Höhen und Tiefen dieses Menschen ein, ohne ihn dabei jedoch zu bedrängen oder zu erdrücken. Für einen wichtigen, lebensrettenden Augenblick tangiert er sein Leben. Die Flügel sprengen mit ihrer ungeheuren Dynamik die Grenzen des Formates.

Ganz sachte berührt er mit seinem Finger die ablehnende Schulter des Mannes. In diesem kleinen Berührungspunkt sammelt sich die ganze Kraft des göttlichen Lebens und geht in die Leblosigkeit dieses Menschen über. Scheinbar unbemerkt ereignet sich der göttliche Moment, an dem der Tod zum Leben gewandelt wird.

Die linke Hand des Engels bekundet dabei die unverbrüchliche Treue des Dreifaltigen Gottes.

Der Mensch, der hier am Boden liegt, ist der Prophet Elija. Er ist vollkommen am Ende, am Ende seiner Kraft, am Ende seiner Belastbarkeit und seiner Weisheit. Leidenschaftlich hatte er sich für die Sache des lebendigen Gottes eingesetzt, und nun trachtete ihm die Königin Isebel nach dem Leben. Elija hatte Angst bekommen und war in die Wüste geflohen. Dort setzte er sich unter einen Ginsterstrauch und stöhnte, auf die Trümmer seines Lebens blickend, in der Qual seines Herzens auf: „Nun ist es genug, Herr! Nimm mein Leben" (1 Kön 19,4). Nur der Tod schien ihm noch die erhoffte Erlösung zu bringen. An diesem Nullpunkt seines Lebens greift Gott ein. Die Katastrophe wird für Elija zum Berührungspunkt mit der göttlichen Gnade, zum Wendepunkt seines Lebens. Ihm begegnet ein Engel. Dieser rührt ihn an und sagt zu ihm: „Steh auf und iß! Sonst ist der Weg zu weit für dich." Da steht Elija auf, ißt und trinkt und wandert, durch diese Speise gestärkt, noch 40 Tage und Nächte durch die Wüste, bis er schließlich zur Begegnung mit Gott gelangt.

Die Situation, in der der Prophet Elija hier dargestellt ist, ist nicht einmalig und außergewöhnlich. Elija steht für viele Menschen, die in dieselbe Lage geraten sind wie er: für Menschen, die soviel Schmerz und Enttäuschungen in ihrem Leben erfahren haben, daß sie unter den Schlägen ihres Schicksals erstarrt sind; für Menschen, in denen alles zusammengebrochen ist, was bisher getragen hat, und deren Geist nun wie gelähmt am Boden liegt. Für Menschen, die wie Elija aufschreien: „Nun ist es genug, Herr! Nimm mein Leben!"

Die Geschichte des Elija zeigt uns, daß auch solche Situationen nicht hoffnungslos sind. Für Elija ist der

Gipfel der Niedergeschlagenheit und Einsamkeit zum Berührungspunkt mit dem Göttlichen geworden. Gott ist auch in der Wüste unseres Lebens da. Er begibt sich auch in unsere Not hinein, um uns anzurühren und uns aus unserer Verlorenheit herauszuholen.
Doch wo finden wir die Quelle, aus der uns neue Kraft und neues Leben zukommt, um die Wüste unseres Lebens zu bewältigen? Gibt es auch in unserem Leben Momente, in denen uns Gott begegnet?
Jeder weiß aus eigener Erfahrung, daß es Augenblikke im Leben gibt, die weder geplant noch gewollt sind und doch alles verwandeln; Augenblicke des Getroffenseins von einer neuen, ungeahnten Wirklichkeit.
Elija wurde von einem Engel angerührt. Ob es wirklich ein Engel war oder ein Mensch in der Wüste, ein Beduine, der Elija beobachtet hatte, wie er erschöpft dahintorkelte und sah, daß er umkommen würde, wenn er ihm nicht Brot und Wasser gäbe, wissen wir nicht. Gott schickt oft Engel mit einem menschlichen Gesicht.

Wie oft spricht die Bibel von einer Begegnung, die für einen Menschen zum göttlichen Moment wurde, in dem der Funke übersprang, der aus der Liebe Gottes kam. Gemeint ist der Augenblick, in dem der Gelähmte aufsteht oder jemand von Schuld befreit wird. Begegnungen, in denen Angst und Gefesseltsein gewendet werden in Erlösung und Freiheit, in denen einer aus der Erfahrung der Liebe Gottes heraus neu zu leben beginnt. Die Bibel zeigt uns, daß jede Begegnung zum göttlichen Moment werden kann. Gott braucht unsere Hände, unsere Augen, unsere Ohren, unser Herz und unseren Mund.
Ein Wort kann zum göttlichen Moment werden, vielleicht ein Wort, das mich trifft oder das ich schenke; ein Wort, das einen Menschen in der Tiefe anrührt.
Eine Begegnung kann zum göttlichen Moment werden, wo einer dem anderen verzeiht, wo einer den anderen in der Not nicht fallen läßt, sondern ihm beisteht; wo einer das erlösende und befreiende Wort spricht. Aber auch die direkte Begegnung mit Gott im Gebet, im Wort Gottes oder im Sakrament kann zum göttlichen Moment werden, der alles wendet.

Gott will, daß die Sonne seiner Liebe und Barmherzigkeit über der Nacht der Verlorenheit eines jeden Menschen aufgeht. Vielleicht möchte er heute oder morgen auch durch mich irgendeinem Menschen, der am Ende ist und nicht mehr weiterweiß, zum „rettenden Engel" werden. Vielleicht möchte er heute aber auch mich anrühren, um in der Finsternis meines Herzens sein Licht aufgehen zu lassen und es neu mit Freude und Dank anzufüllen.

Ziehe deine Schuhe aus, denn der Ort, wo du stehst, ist heiliger Boden

Ex 3,1–15

Ein brennender Dornbusch beherrscht das Bild. Dunkel lodernd, voller Dynamik, füllt er den ganzen Horizont und übergreift sogar noch das Format des Bildes, so als ob er allgegenwärtig wäre. Zweige mit mächtigen Dornen ragen lebensbedrohlich nach allen Seiten. Sie nehmen fast zwei Drittel des Bildes ein und machen so die Unwirtlichkeit und Bedrohung dieses Ortes deutlich. Trotz seiner Lebensfeindlichkeit neigt sich jedoch der Dornbusch nach links und bildet eine Höhle, in die dieser Mensch hineingenommen wird. Hier verlieren die Dornen ihren Schrecken, und fast scheint es, als würden sie zurückgenommen werden.

Der Mann, Mose, taucht vom hellem Licht in die dunklen Flammen ein, die ihm den Blick auf alles andere verstellen und seine ganze Aufmerksamkeit in Anspruch nehmen. Ängstlich und doch ergriffen ist er ganz Auge und Ohr für das Geheimnisvolle, das ihm widerfährt. Sein Augenmerk hat er ganz nach oben gerichtet, als sähe er etwas, was den Rahmen des Sichtbaren sprengt. Mit seinem Ohr scheint er jedoch ganz in sich hineinzulauschen, so als ob es dort, in seiner Mitte, etwas Wesentliches zu hören gäbe. Viele Fragen scheinen ihn zu bewegen. Seine ganze Gestalt wirkt wie ein großes Fragezeichen. Wie in Trance zieht er seine Schuhe aus, um mit nackten Füßen, unmittelbar, ganz im Augenblick zu stehen.
Der Boden, auf dem er steht, ist in gleißendes Licht gehüllt, das alle Konturen verschwinden läßt. Weiß ist die Farbe der Gottesoffenbarung. Das Tiefgreifende dieses Ereignisses wird auch noch formal deutlich: Mose steht im Goldenen Schnitt. Seine Figur wird vom Wüstenboden ebenfalls im Goldenen Schnitt durchkreuzt. Der Schnittpunkt aber, der eigentliche Ort der Gottesoffenbarung, ist in seiner Personmitte.

Im Alten Testament begegnen wir immer wieder der Erfahrung, daß sich Gott dem Menschen in der Wüste offenbart.
Die Wüste ist ein lebensfeindlicher Ort, wo alles Unwesentliche abfällt und das zum Leben Notwendige um so deutlicher wird. Sie ist der Ort der Läuterung, der Reinigung und der Gottesbegegnung.
Auch Mose erlebt seine alles verändernde Gotteserfahrung in der Wüste. Man könnte sogar sagen, daß er diese Wüstenerfahrung in einer doppelten Weise macht. Zum einen ganz real: Er ist hinausgewandert in die Wüste und ist nun schutzlos der Hitze und Dürre ausgeliefert. Im übertragenen Sinn machen er und sein Volk eine einzige Wüstenwanderung. Sie sind versklavt, unterdrückt und mißhandelt. Die Resignation hat die Hoffnung auf eine Veränderung dieser Situation schwinden lassen. Schweiß und Tränen sind ihr tägliches Brot, und ihre Herzen laufen über vor Jammer und Not.
In dieser Situation, wo Mose und sein Volk am Ende zu sein glauben, offenbart sich Gott. Mose sieht einen Dornbusch, der brennt und doch nicht verbrennt. Die scheinbare Vernichtung offenbart sich als Lebensfeuer, in dem sich ein Weg aus der Ausweglosigkeit auftut.

„Leg deine Schuhe ab, denn der Ort, wo du stehst, ist heiliger Boden!“ (Ex 3,5). Die ausgezogenen Schuhe sind, bis in die Kunst des Mittelalters hinein, ein Ausdruck der Ehrfurcht. Sie stehen für ein unmittelbares Sich-Einlassen auf die Begegnung mit Gott. Aber hat diese Aufforderung in der Wüste nicht auch noch eine andere Bedeutung? Mit bloßen Füßen kann man auf dem heißen Wüstenboden nicht gehen. Mose kann nun nicht mehr davonlaufen. Er muß sich dieser, seiner Situation stellen. Er kann sich dem Erschrecken und dem Anspruch, die ihm in dieser Offenbarung zugemutet werden, nicht entziehen. So steht er nun vor Gott und erhält für sich und sein Volk die unwiderrufliche Zusage: „Ich bin der Ich-bin-Da!“ Diese Erfahrung brennt sich ihm tief ein und macht ihn zum Hoffnungsträger und Wegweiser für sein Volk.

Wir denken oft, wir könnten Gott nur in den Oasen unseres Lebens finden. Wenn wir aber das Alte Testament ernst nehmen, dann merken wir, daß sich Gott uns gerade in den Wüsten unseres Lebens offenbaren möchte. Der Ort der Gottesoffenbarung ist oft kein wirtlicher Ort; auf den ersten Blick kann er bedrohlich und lebensfeindlich wirken. Es ist ein Ort, vor dem wir vielleicht am liebsten davonlaufen möchten, weil er nach Zerstörung und Vernichtung aussieht. Hier ist der heilige Boden, auf dem sich Gott in seiner Allmacht offenbaren kann. Die Worte „Ziehe deine Schuhe aus ...“ können uns auch gerade dort treffen, wo das Leben uns dornig erscheint; wo die Träume nach einem besseren Leben in Aussichtslosigkeit und Hoffnungslosigkeit begraben werden. Dort, wo wir in den Schmelzöfen des Lebens stehen, wo wir am Ende sind und nicht mehr weiter wissen, dort offenbart sich Gott als der „Ich-bin-Da!“. Auch für uns gilt die Erfahrung des Volkes Israel, daß gerade die Wüste der Ort der intensivsten Gottesbegegnung ist. Trauen wir Gott zu, daß sich seine bedingungslose Zusage auch, vielleicht sogar gerade in den Wüsten unseres Lebens erfüllen kann?

Ich lasse dich nicht los, wenn du mich nicht segnest

Gen 32,23–33

Auf dem Bild sind zwei ineinander verschlungene Gestalten dargestellt, die offensichtlich miteinander ringen. Durch die Flügel ist die rechte Gestalt als Engel erkenntlich. Ein Flügel von ihm hüllt einen Menschen in Dunkelheit. Er schneidet ihn ab vom klaren Licht der Erkenntnis, von den hellen Seiten des Lebens. Dunkel sind die Gesichter und die Gestalten. Im Mittelpunkt des Bildes stehen das Handeln und die Bewegung.

Der Mensch und der Engel haben eine vollkommen entgegengesetzte Ausrichtung. Die Richtung, in die der Engel weist und in die er den Menschen führen möchte, ist eine ganz andere als die, die der Mensch bereits eingeschlagen hat. Es scheint, als ob ihn der Engel gewaltsam herausreißen möchte aus seiner ursprünglichen, eingefahrenen Bahn, um ihm einen Weg in ein neues Leben und in eine neue Freiheit zu zeigen.
Mit der rechten Hand, der Hand des Handelns, wehrt sich dieser Mensch gegen das Ansinnen des Engels. Er stemmt sich regelrecht gegen diesen gewaltsamen Eingriff in sein Leben.
Mit der linken, vom Herzen kommenden Hand, ergreift er jedoch den Arm des Engels so, als würde er sich daran festhalten.
Und während im oberen Bereich des Menschen, in Verstand und Geist, der Kampf noch tobt, bahnt sich in der Tiefe bereits eine Wende an. Fast unbemerkt hat der rechte Fuß schon seine Richtung geändert und diesen Menschen in eine Bewegung der Um- und Hinkehr hineingenommen.

Handgreiflich erfährt dieser Mensch den Eingriff Gottes in sein Leben. Wie eine Pranke liegt die Hand des Engels auf seiner Hüfte und verändert so seine Gangart. Sie wirkt beinahe wie eine Sperre, die man in die Speichen eines Rades schiebt, um einen laufenden Karren zum Stehen zu bringen.

Zwei Diagonalen durchkreuzen das quadratische Bild, die „Welt", das „Leben". Dort, wo unser Leben, unsere Pläne und Hoffnungen durchkreuzt werden, dort ist der Ort des Kampfes, aber auch der Ort der Begegnung mit Gott. Hier begegnet der Mensch Gott in der Gestalt eines Engels. Am Kreuzpunkt der Diagonalen hält sich der Mensch am Arm des Engels fest. So wird das Zentrum des Kreuzes, das sich über sein Leben gelegt hat, für ihn zugleich auch zum Halt im Kampf. Es ist sozusagen der ruhende Punkt in der Dynamik des Ringens und der Ort der größten Helligkeit mitten im Dunkel.
Die Begegnung zwischen Mensch und Engel findet im Goldenen Schnitt statt. Diese Begegnung an der Grenze, die Grenzerfahrung, wird zum Angelpunkt, an dem das Leben dieses Menschen eine neue Ausrichtung bekommt.

Bei dem Menschen, der auf diesem Bild dargestellt ist, handelt es sich um Jakob. In einer der dunkelsten Stunden seines Lebens, voller Angst und mit Schuld beladen, am Rande seiner Existenz, ringt er mit Gott. Er spürt, daß es für ihn in dieser Situation nur eine Möglichkeit gibt: so lange mit Gott zu ringen, bis sich ihm ein neuer Weg auftut. Und so sagt

er zu dem Engel: „Ich lasse dich nicht los, wenn du mich nicht segnest“ (Gen 32,27).
Als sich der Engel schließlich von ihm losreißt, geht Jakob zwar als ein Hinkender, aber vor allem als ein Gewandelter und Gesegneter aus diesem Kampf hervor. Deshalb konnte er im Rückblick sagen: „Ich habe Gott von Angesicht zu Angesicht gesehen“ (Gen 32,31).

Dieses Bild zeigt uns, wie auch schmerzliche Grenzerfahrungen zu Einbruchstoren Gottes in unser Leben werden können. Zunächst einmal sagt es uns, daß wir den Kampf und die Begegnung mit Gott auch gerade da suchen sollen, wo wir uns von Gott und den Menschen verlassen glauben. Gerade in diesen schmerzvollen Zeiten darf der Mensch mit Gott streiten. Er darf ihm Widerstand leisten und sich gegen den leidvollen Eingriff in sein Leben wehren. Er darf aufschreien unter seinem Handeln, alles kann ihn nur näher zu Gott hinführen, solange er in der Tiefe seines Herzens doch noch an ihm festhält und er sich von ihm in seiner Tiefe bewegen läßt. Im Ringen, auf der Grundlage eines fraglosen Aneinander-Festhaltens, kann sich ein neuer Weg und eine neue Zukunft auftun.
In der Zeit des Kampfes und des Ringens ist jedoch der Sinn verdunkelt und die Erkenntnis verhüllt. Erst im nachhinein werden uns vielleicht die Schleier von den Augen genommen werden, damit wir Gottes Handeln und Wirken in der Finsternis unseres Herzens erkennen.
Im Kampf renkt der Engel Jakob die Hüfte aus. Er ist von da an ein Gezeichneter, ein Hinkender. Diese Begegnung prägt ihm ein Siegel auf, das er nun nicht mehr abschütteln kann, das ihn erkennbar macht vor allen anderen und das seinem Leben eine neue Richtung gibt. Er kann von jetzt an nicht mehr so weitergehen wie vorher. Sein Schritt, seine Gangart haben sich verändert. Die Begegnung hat ihn aus dem Tritt gebracht. Sein Empfinden und Fühlen haben sich geändert. Von nun an ist er durch Gottes Gnade ein Hinkender; ein Mitleidender mit den Leidenden, ein Weggefährte für alle, die in irgendeiner Weise auch Hinkende sind. Nachdem er durch den Nullpunkt seines Lebens mit Gott zu einem neuen Leben hindurchstarb, ist er zu einem Gesegneten geworden, der nun zum Segen für andere wird.
Wenn wir wie Jakob den Mut haben, an den Nullpunkten des Lebens die Berührung mit Gott zu wagen, mit ihm zu kämpfen in den Trostlosigkeiten unseres Herzens, dann kann auch uns plötzlich ein neuer Weg aufgehen, aus dem Tod kann neues Leben erblühen und aus der Hoffnungslosigkeit neue Hoffnung keimen.
Wenn wir selbst in der schmerzvollsten Dunkelheit, in der größten Einsamkeit und sogar in der tiefsten Gottverlassenheit noch sagen können: „Ich lasse dich nicht los, wenn du mich nicht segnest!“, dann werden auch wir aus diesem Kampf als Gewandelte und Gesegnete hervorgehen. Und vielleicht können auch wir dann im nachhinein wie Jakob sagen: „Ich habe Gott von Angesicht zu Angesicht gesehen!“

Du hast meine Fesseln gelöst

Ps 116

Das Format des Bildes wird von einer Frau bestimmt, deren Körper zwei Bewegungsmotive zeigt: der Oberkörper ist zurückgewandt, die Füße beginnen jedoch zaghaft nach vorne zu gehen. Ihr Blick ist ganz von sich weg nach oben, auf ein Du außerhalb des Bildes gerichtet. Während sie ganz Auge ist für das, was sie sieht, lösen sich in der verlängerten Diagonale dieses Augenblickes fast wie von selbst die Fesseln, mit denen ihre Hände gefesselt waren. Das dicke Tau hängt nun locker an ihnen herab; die rechte Hand, die der Tat, ist schon vollständig befreit und auch an der linken, der von Herzen kommenden Hand, rutscht das Seil herab. Die Haare der Frau flattern frei im Wind, und deuten so die neugewonnene Freiheit, die nun vor ihr liegt, an.

In diesem Bild hat sich das Wort des Psalmisten verdichtet: „Du hast meine Fesseln gelöst" (Ps 116,16). Das ganze Buch der Psalmen ist von dem Schrei des Menschen nach Erlösung, Befreiung und Gottes Barmherzigkeit durchdrungen. Alle leidvollen Situationen, Sehnsüchte und geheimen Gedanken werden hier ausgedrückt, vor Gott gebracht und in seinem Licht gewandelt.
Da wird der qualvolle Aufschrei zum Lobpreis, der Rachegedanke zur Hingabe an den Willen Gottes und der Hilferuf zum Dankgesang. Im ehrlichen Anschauen und Loslassen all dieser Nöte, Ängste und Regungen ereignet sich Tröstung, Heilung und Befreiung.

In der Not dieser Menschen kann sich jeder Mensch wiederfinden. Mit ihnen darf auch ich mich mit meiner ganzen Not und Erbärmlichkeit vor Gott stellen und ihm mein Leid klagen. Alles aber, was ich ehrlich anschaue und anspreche, kann ich auch annehmen und aus der Verdrängung meines Herzens ans Licht holen. „Alles, was aufgedeckt ist, wird vom Licht erleuchtet. Alles Erleuchtete aber ist Licht" (Eph 5,13-14). Was ich aus der Verdrängung an mich herangelassen und angenommen habe, kann verwandelt werden. Jede Not, jede Schuld und jede Verletzung kann so im Licht Gottes zur Gnade für mich und andere werden. Dort, wo ich ein Getroffener bin, kann ich auch zum Gesegneten werden.

Betrachten wir auf diesem Hintergrund Psalm 116 genauer:
„Ich liebe den Herrn; denn er hat mein lautes Flehen gehört und sein Ohr mir zugeneigt an dem Tag, als ich zu ihm rief. Mich umfingen die Fesseln des Todes, mich befielen die Ängste der Unterwelt, mich trafen Bedrängnis und Kummer. Da rief ich den Namen des Herrn an: ‚Ach Herr, rette mein Leben!'
Der Herr behütet die schlichten Herzen; ich war in Not, und er brachte mir Hilfe.
Du hast meine Fesseln gelöst" (Ps 116, 1-4.6.16).

Der Psalmist spricht drei Bereiche an, die das Leben des Menschen unfrei machen. Zuerst spricht er von den Fesseln des Todes, die ihn befielen. Diese Mächte des Todes, die das Leben in uns abwürgen, können vielseitig sein. Damit ist alles angesprochen, was das Leben in mir kleinhält und erstickt: die vielen Neins, die ich oder andere zu mir schon gesprochen haben und die mich entwerten; Todeswünsche, die mich lähmen und handlungsunfähig machen; Unfreiheiten, die sich aus ungelösten, unverziehenen und schuldhaften Situationen heraus ergeben können. Oder ich muß schmerzhaft wahrnehmen, daß durch eigene oder fremde Schuld Seiten in mir abgestorben sind, die nun langsam auch andere Bereiche meines Lebens vergiften. Vielleicht aber erfahre ich mich auch von etwas gefesselt, was meinem Leben schadet: von Leidenschaften oder Süchten, denen ich hilflos ausgeliefert bin, die mein Blick- und Lebensfeld einengen.

Der Psalmist vermittelt uns seine Erfahrung, daß die Fesseln des Todes nicht das Ende sind. Da gibt es einen, der auch die kompliziertesten Verknotungen meines Lebens lösen kann; einen, für den nichts unmöglich ist, wenn ich mein Vertrauen auf ihn setze.

Zum zweiten nennt der Psalmist die Ängste der Unterwelt. Jeder kennt sie, Ängste, die unversehens aus dem Dunkel unseres Unbewußten aufsteigen und nach unserem Herzen greifen; Ängste, aus deren Würgegriff wir uns allein nicht mehr befreien können und denen wir uns hilflos ausgeliefert fühlen. Häufig ist unser Handeln mehr von unseren Ängsten bestimmt als vom Vertrauen in uns selbst, in die Menschen und in Gott.

Alle diese Ängste, die mich knechten, darf ich mit dem Psalmisten vor Gott bringen, der allein mein verletztes Vertrauen heilen und mich aus der Macht der Ängste befreien kann.

Zuletzt spricht der Psalmist von Bedrängnis und Kummer, die ihn trafen. Kein Mensch kann sich vor ihnen schützen: Engpässe unseres Lebens, durch die sich jeder einmal hindurchzwängen muß; Prüfungen, die uns schütteln, bis alle Äußerlichkeiten von uns abgefallen sind; Dunkelheiten, die uns lähmen und die Erkenntnis für den nächsten Schritt rauben. Hier sagt uns die Botschaft des Psalmisten, daß die Bedrängnis und der Kummer nicht das letzte Wort behalten. Der Herr kann mein Leben vor dem Tod retten, meine Tränen trocknen und meinen Fuß vor dem Gleiten bewahren (Ps 116,8). In den Prüfungen unseres Lebens soll sich unser Glaube bewähren und wie Gold im Feuer geläutert werden (1 Petr 1,7). Nur durch das „Gedränge" hindurch finden wir immer tiefer zu uns selbst und zu Gott.

Schreien wir mit dem Psalmisten zu Gott und richten wir unser ganzes Augenmerk auf ihn allein. Sprechen wir mit ihm nicht über unsere Not, sondern mit Gott über Gott und richten wir uns immer wieder neu an ihm aus, wenn sich unser Blick wieder leidvoll auf unser eigenes Elend zurückrichtet. Setzen wir unsere ganze Hoffnung auf Gott , damit er auch unsere Fesseln löst und wir mit dem Psalmisten aus ganzem Herzen beten können: „Ich liebe den Herrn, denn er hat mein lautes Flehen gehört und meine Fesseln gelöst!"

Meine Augen haben das Heil gesehen

Lk 2,25–35

Ein alter Mann hält ein Kind in seinen Händen. Fest steht der Greis da, wie eine Säule, in die das Leben zwar tiefe Spuren eingegraben, die aber dennoch allen Stürmen standgehalten hat. Die Falten seines Gesichtes sprechen von den Erfahrungen, die sein Leben geprägt haben, sein langer Bart symbolisiert die Weisheit, die er im Laufe der Jahre gesammelt hat.
Auffallend sind seine großen Augen und sein großes Ohr. Er ist ganz Auge und Ohr für das Ereignis, das ihm zuteil wird; als würden seine Augen über dem Kind eine Vision sehen. In ihnen liegt ein Erkennen, das über das vordergründige Ereignis weit hinausgeht; ein Erkennen, das jede Erkenntnis übersteigt. Seine großen Hände bergen das Kind, das neue Leben, das hilflos und zerbrechlich in ihnen ruht und mit fast erschrockenen Augen schaut, nicht wissend, wie ihm geschieht.
Im Gegensatz zu dem alten Mann ist das Kind ganz licht und hell. In den beiden Gestalten begegnen einander Licht und Dunkel, Anfang und Ende und verschmelzen zu einer Einheit. Der Glanz des Kindes haucht einen zarten Schimmer auf das Gesicht des Greises.
Äußerst behutsam hebt der Alte das Kind empor wie eine Gabe, die er unverdient empfangen hat und nun wieder zurückerstattet; wie einen Schatz, der nicht nur für seine Augen bestimmt ist, sondern den es allen Menschen zu zeigen gilt. Fast wirkt er dabei wie ein Leuchtturm, der das wegweisende Licht in seinen Händen hält, das vor dem Schiffbruch des Lebens retten soll.
Die ganze Gruppe ist in gleißendes Licht getaucht, das sogar den Boden auflöst. Es ist, als hätte das Kind dieses Licht in sich aufgenommen, so daß es nun, von innen heraus strahlend, selbst zum Licht geworden ist.
Noch eingetaucht in dieses helle Licht deutet sich aber bereits hinter dem Kind seine Zukunft an: Dunkelheit, Kreuz und Tod werden am Ende seines Lebens stehen. Der Kreuzesnimbus, der das Kind als Jesus ausweist, nimmt dem Bild den Glanz der reinen Idylle.

Der Mann ist der greise Simeon, der den menschgewordenen Gott in seinen Händen hält. Dieses Geheimnis schauend und fassend bricht Simeon in Jubel aus: „Nun läßt du, Herr, deinen Knecht, wie du gesagt hast, in Frieden scheiden. Denn meine Augen haben das Heil gesehen, das du vor allen Völkern bereitet hast, ein Licht, das die Heiden erleuchtet, und Herrlichkeit für dein Volk Israel" (Lk 2,29–32).

Sicher war Simeon nicht der einzige, der zu dieser Zeit im Tempel war, und doch war er der einzige, der eine tiefere Schau über das wahre Wesen dieses Kindes hatte. Was für ein Mensch war dieser Simeon, der am Ende seines Lebens die Erfüllung seiner Sehnsucht in den Händen halten durfte?
Antoine de Saint-Exupéry sagt: „Man sieht nur mit dem Herzen gut, das Wesentliche bleibt den Augen verborgen." Simeon muß ein Mensch gewesen sein, den das Leben gelehrt hat, mit dem Herzen zu sehen. Wahrscheinlich war er ein Mensch, der das

Leben in allen Schattierungen gesehen hat und dem Freude und Leid nicht fremd waren. Denn nur einer, der auch selbst Not und Elend erfahren hat, streckt sehnsüchtig die Hände nach der Rettung aus. Nur ein Mensch, der die Finsternis erlitten hat, wird das Licht vom Himmel herabsehnen. Nur ein Herz, das im Unheil des eigenen Lebens und in dem der ganzen Welt Ausschau gehalten hat nach dem Heil, wird den Heiland erkennen. Nur das sehnsüchtige Herz ist in der Lage, den Unerkannten zu erkennen: im kleinen, hilflosen Kind den Retter der Welt; in der Armut und Nacktheit den Reichtum und die Schönheit Gottes; im Geringsten den Herrn.

Über Simeon heißt es weiter im Lukasevangelium, daß er ein gläubiger Mann war, auf dem der Heilige Geist ruhte; von ihm ließ er sich bewegen. Trotz seines hohen Alters war er ein beweglicher Mensch. Die Sehnsucht in seinem Herzen hielt ihn jung. Sie bewahrte ihn davor, satt und zufrieden die Hände in den Schoß zu legen. Das Bewußtsein, daß das Wesentliche seines Lebens noch aussteht, machte ihn hellhörig und hellsichtig.

Nun ist Simeon am Ende seiner Sehnsucht, am Ende seines Lebens angelangt. Alles, was er ersehnt hatte, wird ihm jetzt in die Hände gelegt. Seine Augen haben das Heil gesehen, das die Herzenswunde seiner Sehnsucht heilt. Alle Finsternis ist von ihm gewichen, da er das Licht der Welt in seinen Händen trägt. Er ist angekommen am Ziel seines Lebens. Sein Leben, seine Hoffnung hat sich erfüllt, und sein Tod bedeutet nur noch ein Hinübergehen in das, was er geschaut hat.

Die Gestalt des Simeon ist aber nicht allein eine Gestalt des Lukasevangeliums, sie ist auch Teil eines jeden von uns.
Gott hat sich so entäußert, daß er sich als kostbaren Samen jedem Menschen in die Hände, ins Herz gelegt hat. Durch die Menschwerdung hat sich Gott mit dem Menschen untrennbar verbündet: „Ob wir von Christus wissen oder nicht, er ist da, bei jedem einzelnen. Er ist so unlösbar mit dem Menschen verbunden, daß er in ihm wohnt, selbst wenn dieser es nicht weiß. Er ist da wie insgeheim, wie eine brennende Wunde im Herzen des Menschen, wie Licht in der Dunkelheit“ (Frère Roger).
Jeder Mensch, der Sehnsucht im Herzen trägt und nach der Wahrheit sucht, wird irgendwann bei der Quelle dieser Sehnsucht und aller Wahrheit ankommen und erstaunt feststellen, daß er sie bereits in Händen gehalten, aber nicht erkannt hat. Je mehr wir lernen, Menschen und Ereignisse mit einem gläubigen Herzen anzuschauen, desto realer und anschaulicher wird Gott in unserem Leben werden. Und dann dürfen auch wir am Ende unseres Lebens wie Simeon ausrufen: „Nun läßt du, Herr, deinen Knecht in Frieden scheiden, denn meine Augen haben das Heil gesehen.“

Was er euch sagt, das tut!

Joh 2,1–12

Das querformatige Bild wird von vier Figuren beherrscht, die über den Augenblick und die Hände miteinander in Beziehung stehen. Im Hintergrund wird der Raum durch eine doppelte Säulenarkade aufgeteilt.

Vor der Säule in der Mitte steht Maria. Ihre ganze Aufmerksamkeit gilt den beiden Gestalten rechts von ihr, in denen zwei Bewegungsmotive zu finden sind: die Blicke dieser Männer sind zwar noch auf Maria gerichtet, ihre Körper sind jedoch abgewandt und drängen aus dem Format heraus. Die Krüge in ihren Händen pressen sie an sich, so als wären es Kostbarkeiten, die sie um nichts in der Welt hergeben wollten. Beinahe etwas trotzig wirken diese Gestalten im Gegensatz zu den offen und freundlich wirkenden anderen beiden Figuren.

Links von Maria, direkt unter dem Rundbogen, steht Jesus. Über die Hände Marias wird die Verbindung zwischen ihm und den Männern hergestellt. Durch ihre offene Haltung entsteht eine Bewegung von der einen Seite zur anderen. Während Maria und die beiden Diener auf gleicher Höhe stehen, überragt Jesus alle drei. Daß Maria ganz auf der Seite der Menschen steht und ihr nur eine Vermittlerrolle zukommt, wird auch durch die Verbundenheit der Füße deutlich.

Jesus ist der Mittelpunkt der zweiten Raumhälfte. Auch seine Gestalt ist von zwei Bewegungsmotiven bestimmt. Sein Oberkörper und seine Hände stehen in Kontakt mit Maria. Seine Hände bilden mit ihrer Hand ein dynamisches Dreieck, Symbol für den Dreifaltigen Gott: Ohne es selbst zu merken, wird Maria in das Handeln des Dreifaltigen Gottes einbezogen; sie ist das Bindeglied, das dieses Handeln erst ermöglicht.

Ist Jesus mit seinem Oberkörper ganz Zuwendung, so zeigen seine Beine jedoch genau in die entgegengesetzte Richtung. Es scheint, als würde auch er sich, wie die Diener, am liebsten aus dieser Szene herausschleichen.

Zwischen Jesus und Maria stehen sechs Wasserkrüge. Mit seiner rechten Hand, der Hand des Handelns in Vollmacht, zeigt Jesus auf sie. Die Zahl Sechs erinnert an die Schöpfung. In sechs Tagen erschuf Gott die Welt, am siebten ruhte er. So ist hier mit der Zahl Sechs angedeutet, daß die ganze Schöpfung gewandelt werden muß.

Auch das Wasser hat eine symbolische Bedeutung, es steht für das Leben. Jesus macht ein „Mehr" daraus, er verwandelt das Wasser in Wein. Maria weist mit ihrer Hand auf dieses Handeln Jesu hin.

Zeichenhaft ist auch die Doppelarkade im Hintergrund. Sie enthält die Zahl Zwei, die symbolhaft für das Alte und das Neue Testament steht. Das Licht, das durch sie in die Dunkelheit des Raumes einbricht, symbolisiert die Offenbarung Gottes. Während im rechten Bogen der Fluchtpunkt der perspektivischen Raumlinien noch im Unendlichen liegt, Gott also noch in unerreichbarer Ferne verborgen ist, liegt der Fluchtpunkt im linken Bogen im Herzen Jesu. Sein Herz wird zum Brennpunkt, in dem sich Gott und Mensch von nun an begegnen können. In Jesus wird die Liebe Gottes handgreiflich erfahrbar. In Maria vollendet sich der Alte Bund, sie wird die Nahtstelle zwischen Altem und Neuem Bund, die Mittlerin zwischen Jesus und den Menschen. Ganz auf der Seite der Menschen stehend, vermittelt sie das Handeln des Dreifaltigen Gottes.

Diese Erzählung von der Hochzeit zu Kana leitet den Höhepunkt der Menschwerdung Gottes ein: Jesus, der ganz Mensch war und verborgen doch auch ganz Gott, sollte nun sein innerstes Wesen offenbaren. Wir können uns kaum vorstellen, wie Jesus in dieser Situation wohl zumute war. In diesem Augenblick muß er die ganze Macht und Zumutung seiner Berufung erfahren haben, vielleicht standen ihm auch schon die Konsequenzen seines Handelns vor Augen bis hin zur letzten, unausweichlichen Konsequenz. Wer könnte da nicht verstehen, daß die Versuchung zu fliehen groß war? Schon im Alten Testament wird berichtet, daß die Propheten vor ihrem Auftrag fliehen wollten, und es ist für uns tröstlich, daß auch Jesus immer wieder mit seiner Berufung gerungen hat.

In diese Versuchung hinein trifft das Wort seiner Mutter: „Sie haben keinen Wein mehr" (Joh 2,3). Der Wein galt als Zeichen der Freude. Aber was ist schon eine Hochzeit, bei der die Freude versickert ist? Leblos und schal! Auf das Leben bezogen bedeutet „Sie haben keinen Wein mehr": Sie haben keinen Sinn mehr für ihr Leben. Ihr Leben ist schal geworden, verwässert.

In dieser Stunde der Offenbarung bezieht Gott wieder Maria in sein Handeln mit ein. Aus einer Gewißheit heraus, die nicht von ihr kommen konnte, sagt sie zu den Dienern: „Was er euch sagt, das tut!" (Joh 2,5). So stellt sich Jesus der Forderung dieser Stunde: „Füllt die Krüge mit Wasser!" Füllt das Wasser eures Lebens in die Krüge und laßt es von mir verwandeln.
Diese beiden letzten Worte haben ihre Bedeutung für uns heute nicht verloren. „Tut, was er euch sagt!" Hören wir seine Stimme heraus aus den vielen Stimmen, die auf uns einreden? Will ich mir überhaupt von Jesus noch etwas sagen lassen, oder habe ich schon längst meinen eigenen Lebensentwurf? Diese Forderung bleibt bestehen: unser Leben und Tun immer wieder neu zu hinterfragen und an seinem Wort auszurichten.

„Füllt eure Krüge mit Wasser!" Bringen wir ihm unseren verwässerten Lebenssinn, die unfruchtbar gewordenen Beziehungen und die lau gewordene Liebe. Bringen wir ihm alles, was unser Leben freudlos macht: unsere Schuld, unsere Verletzungen und Enttäuschungen, unsere Sinn- und Hoffnungslosigkeiten, damit er sie wandeln kann. Jesus möchte, daß wir frei werden von allem, was unser Leben knechtet und freudlos macht. Er will, daß eine neue Freude in unserem Leben aufkommt: die Freude an der Liebe Gottes, die alles durchdringt und verwandelt, eine Freude, die niemals aufhört.

Wenn du mich bitten würdest …

Joh 4,1–26

Ein Brunnen beherrscht das Bild. Mit seinem Dach wirkt er fast wie ein Haus. Die Tiefe, in der die Quelle entspringt, ist so vor äußeren Einflüssen geschützt. Der Brunnen liegt am Grunde eines Tales. Rechts und links von ihm steigen die Hügel steil bergan. Es scheint, als würde kein Weg an ihm vorbeiführen.

Das Seil, mit dem das lebensrettende Wasser in der Tiefe erreicht werden kann, ist jedoch so um die Balken gewunden und verknotet, daß es unbrauchbar geworden ist. Es erweckt den Anschein, als wäre dieser Brunnen schon lange nicht mehr benutzt worden. Der Haken, an dem die Schöpfgefäße in die Tiefe gelassen werden, liegt nutzlos am Boden.

An diesem Brunnen begegnet eine Frau Jesus. Ihre Füße zeigen in die Richtung, in die auch der Haken deutet. Vielleicht hat auch sie ihre Haken in eine andere Richtung ausgeworfen, das Leben statt in der Tiefe irgendwo sonst gesucht? Jetzt jedoch hat sie der Durst an diesen Brunnen getrieben.

In ihren Händen hält sie ein Gefäß, das im Mittelpunkt des Bildes steht. Von der Form her ist es zum Schöpfen vollkommen ungeeignet. Wieviel Wasser muß an dem engen Hals vorbeifließen, bis der dicke Bauch des Kruges endlich gefüllt ist?

Wenn auch die Füße der Frau abgewandt sind, so wendet sie doch ihre ganze Aufmerksamkeit Jesus zu. Konzentriert blickt sie auf ihn. Mit seinem ganzen Wesen neigt er sich dieser Frau zu. Liebevoll ruht sein Blick auf ihr. Seine rechte Hand ist ausgestreckt, so als würde er sie um etwas bitten. Mit der linken Hand deutet er auf ihr Schöpfgefäß.

Das Brunnengespräch, das die beiden führen, können wir im Johannesevangelium nachlesen. Die Frau, um die es in dieser Erzählung geht, hat nicht den besten Ruf. Fünf Männer hat sie schon gehabt und jetzt lebt sie mit dem sechsten zusammen, mit dem sie auch nicht verheiratet ist. Man scheint förmlich zu spüren, wie die Bewohner des Dorfes über sie reden und mit dem Finger auf sie zeigen. Niemand möchte etwas mit ihr zu tun haben, und so steigt sie in der größten Mittagshitze, wenn sie sicher ist, niemandem zu begegnen, zum Brunnen herab, um dort Wasser zu schöpfen.

Sicher ist sie erschrocken, als sie bemerkt, daß außer ihr noch jemand zu dieser Zeit diesen Ort aufgesucht hat. Jesus überbrückt diese Kluft, die zwischen ihnen herrscht, mit der Bitte: „Gib mir zu trinken!" Er, der Jude, spricht eine Fremde, eine Samariterin an. Er, der Gerechte, bittet eine Verachtete, eine Sünderin um Hilfe. Er, der die Macht hätte, wie Mose Wasser aus dem Felsen zu schlagen, klopft bittend an ihrem Herzen an und schlägt so eine Brücke von Herz zu Herz.

Jesus läßt sich nicht von ihrem verfahrenen Leben abschrecken, sondern erkennt ihr tiefstes Wesen, für das der Krug ein Symbol sein könnte. Er spürt ihren tiefen Durst. Er sieht die Lebensumstände, die diese Frau so verengt und ausgebeutet haben, daß sie nicht anders konnte, als von Quelle zu Quelle zu rennen, jedesmal endlich die Erfüllung erhoffend und doch nicht findend. Er kennt die Erfahrungen, die zur Verknotung ihres Lebensseiles geführt haben, so daß sie den Weg zu der Quelle tief in sich

selbst nicht mehr finden konnte. Ohne ihr bisheriges Verhalten zu verurteilen oder ihr Vorwürfe zu machen, führt er sie nun behutsam, Schritt für Schritt, in die Tiefe.
Er knüpft an ihre Erfahrungen an, daß all die Quellen, aus denen sie bisher versucht hatte, Leben zu schöpfen, ihren Durst nicht stillen konnten. Ihr ganzes Leben liegt plötzlich offen vor seinen Augen und findet Heilung in seiner erbarmenden Liebe. Er weiß, daß sie so gehandelt hat und vielleicht auch so handeln mußte, weil ihr der Weg zur eigentlichen Quelle des Lebens bis jetzt verschlossen war.
Ihre Freiheit respektierend, bietet er ihr seine Hilfe an, ohne sich aufzudrängen: „Wenn du mich bitten würdest, dann würde ich dir lebendiges Wasser geben, das in dir zur sprudelnden Quelle wird und das ewige Leben schenkt." Nachdem die Frau so seine liebende und heilende Annahme erfahren hat, spricht sie aus ihrem Innersten den Wunsch aus: „Herr, gib mir dieses Wasser, damit ich keinen Durst mehr habe und nicht mehr hierher kommen muß, um Wasser zu schöpfen" (Joh 4,15). Ihre Bitte wird erfüllt, und das Wasser des Lebens bricht in ihr mit einer solchen Kraft hervor, daß es beginnt, überzufließen und bis zu den Menschen zu fließen, die diese Frau bis jetzt verachtet haben. Durch ihr Wort und Beispiel angesteckt, machen jetzt auch sie sich auf, um nach diesem lebendigen Wasser zu suchen.

Die Samariterin ist ein Spiegelbild für uns alle: Oft ist auch in uns der Brunnen des eigentlichen Lebens durch unsere Lebensgeschichte unbenutzbar geworden, der Weg in unsere Tiefe versperrt. Manchmal hat sich auch unser Lebensseil so verwickelt und verknotet, daß wir diese Verwicklungen alleine nicht mehr lösen können.
Auch unser inneres Wesen ist mit jenem Schöpfgefäß vergleichbar. In unserer Tiefe brennt ein maßloser Durst nach Leben, der jedoch von außen her nicht gestillt werden kann, weil wir so wenig fähig sind, echtes Leben und echte Liebe tief in uns aufzunehmen.
Wir sind wie diese Frau oft Gehetzte, die ständig dem vermeintlichen Leben nachlaufen müssen, in der Hoffnung, endlich die Erfüllung zu finden. Es fällt uns häufig schwer, mit dieser brennenden Sehnsucht tief in uns umzugehen.

Ob wir aber vom Durst nach dem Leben gehetzt werden oder ob unser Leben immer mehr im Sand verläuft – eines dürfen wir gewiß sein: Jesus wartet auch auf uns an unserem unbrauchbar gewordenen Lebensbrunnen. Er weiß, daß uns der Durst irgendwann einmal aufbrechen läßt, um ihn zu suchen. Er wartet darauf, daß wir ihn in dieser Stunde der Begegnung bitten, daß er die Quelle in unserem Inneren wieder zum Fließen bringen möge, daß er die Wunden unseres Lebens heilen möge. Und wir dürfen sicher sein, daß er auch unsere Bitte erfüllen wird: „Herr, gib mir dieses Wasser, das in mir zur Quelle wird!"

Ich bin da wie einer, der den Säugling an die Wange hält

Hos 11,4

Die Beziehung Jesu zum Menschen wird auf diesem Bild in einer ungewöhnlichen Art und Weise dargestellt.
Der Leib Jesu bildet eine Wiege, in die ein Mensch vollkommen hineingenommen ist. Zärtlich drückt Jesus ihn an sich, birgt ihn an seinem Herzen und in seinem Schoß.
Die Hände bilden die Mitte des Bildes: die überkreuzten Hände des Menschen und die bergenden Hände Jesu, die ihn liebevoll umschließen. Der Haltlose findet so in Jesus Halt, bis sich alle Verspannungen gelöst haben. Der Herzschlag Jesu durchpulst seinen Leib und seine Seele, bis er alle Angst, alles Mißtrauen und allen Widerstand loslassen und sich fallen lassen kann in das bedingungslose Angenommen- und Geliebtsein, in das Herz Jesu.

Der Kopf, die Arme und Hände Jesu bilden einen Kreis, das Symbol der Ganzheit und Einheit. Der Mensch wird in diesen Kreis eingeschlossen. Die beiden Gesichter verschmelzen wie die beiden Hälften einer Kugel zu einer Einheit. Der Mund Jesu liegt am Mund des Menschen, so als würde er ihm neues Leben einhauchen.
Die mehr oder weniger augenfälligen Durchkreuzungen in den Körpern deuten jedoch an, daß diese Darstellung nicht nur eine schöne Idylle ist, sondern auch eine leidvolle Wirklichkeit.
Der Körper des umfaßten Menschen ist zweimal durchkreuzt: seine Hände hängen leblos herab, so als wären sie gebunden, und auch seine Füße liegen wie bei einem Gekreuzigten übereinander. Diese Überkreuzungen könnten vielleicht auf einen Menschen hinweisen, der aus irgendeinem Grund handlungsunfähig und in seinem Fortschritt gehemmt wurde. Wie ein hilfloses Kind ruht er am Herzen Jesu. An seinen Augen sieht man, wie er ganz aufmerksam ist für das, was ihm von Jesus entgegenkommt. Staunend schaut er, als könnte er noch gar nicht fassen, was ihm geschieht.
Der Kreuzesnimbus und die überkreuzten Füße zeichnen auch Jesus als den Gekreuzigten aus, der alles Leid der Welt auf sich nahm, um das Heil der Menschen zu erwirken. Es ist der geschlagene, gekränkte, verlassene und schließlich gekreuzigte Jesus, durch dessen Wunden wir geheilt sind.
In der zärtlichen Geborgenheit und Zuneigung Jesu findet der Mensch zu seiner Ganzheit und kommt zu sich selbst. Man spürt förmlich, wie die tieferen Schichten dieses Menschen angesprochen sind und zum Schwingen kommen: das tiefe Bedürfnis nach bedingungslosem Angenommensein und Geborgenheit.

Es ist ein stilles Bild, bei dessen Betrachtung die äußeren und inneren Stimmen immer mehr zum Schweigen gebracht werden, um in diesem Schweigen nun selbst den Herzschlag Gottes zu erlauschen und sich von ihm berühren zu lassen.
Das Bild ist ein Zeichen für das große Erbarmen Gottes mit den Menschen. Gott ist in Jesus Mensch geworden, damit der Mensch durch und in ihm wieder zu Gott und so zu seinem vollen Menschsein finden kann.

Damit jeder Mensch gerettet würde, auch der verwundetste und verlorenste, ging Jesus aus Liebe zu Gott und den Menschen den Kreuzweg, der ihn selbst auch zu einem Verwundeten, zu einem Gekreuzigten machte. Aus seiner eigenen Verletztheit heraus kann nun die Liebe und Barmherzigkeit fließen, die unsere Verletzungen und Kränkungen in die Liebe Gottes heimholt und heilt: „Durch seine Wunden sind wir geheilt" (1 Petr 2,24).

Gott möchte auch heute noch durch unser Herz seine Barmherzigkeit weiterschenken, ihr Hand und Fuß verleihen. Der Ruf nach Barmherzigkeit, nach bedingungslosem Angenommensein, vor allem auch in Schuld, Versagen oder Krankheit, wird nie in den Herzen der Menschen verstummen. Gott sucht in Jesus auch heute Menschen, die in das große Erbarmen Gottes einschwingen und sich ergreifen lassen von der Not und dem Elend anderer Menschen. Er sucht Menschen, die sich nicht scheuen, mit Jesus den Kreuzweg mitzugehen, hinein in die Schwachheit und die Armut; Menschen, die nicht davor zurückschrecken, verwundbar zu sein und zu werden und sich rückhaltlos für die anderen hinzugeben. Unser mitfühlendes und mitleidendes Herz macht das mitleidende und barmherzige Herz Gottes erfahrbar und setzt es gegenwärtig.

Deine Hand, o Herr, hast du auf mich gelegt

Lk 4,40

Das ganze Bild wird von zwei Figuren bestimmt, die sich im Augen-Blick berühren. In einer liebevollen Geste des Bergens, der Zuwendung und des Verstehens neigt sich Jesus dem Menschen zu, der eng gedrängt an seiner Seite steht. Die Augen der beiden liegen auf einer Linie. Der fragende Blick des Menschen ruht in dem verstehenden Blick Jesu.

Halb umgewandt steht der Mensch mit dem Rücken zu Jesus. Zaghaft setzen seine Füße an zu gehen, um die Richtung Jesu aufzunehmen, und doch scheint ihn innerlich noch manches zurückzuhalten. Fragend wendet er sich um. In der großen und kräftigen Gestalt Jesu sind die Kleinheit und Schwachheit dieses Menschen, all seine Fragen, seine Unsicherheiten und Ängste geborgen. Er deckt und stärkt ihm den Rücken. Er nimmt ihn in seine Person hinein und gibt ihm Anteil an sich. Durch diesen unmittelbaren Kontakt wachsen die beiden zu einer untrennbaren Einheit zusammen, ohne dabei jedoch ihre Eigenständigkeit zu verlieren.

Die leeren, offenen Hände sind fragend Jesus zugewandt. Mit der rechten Hand Jesu bilden sie ein dynamisches Dreieck, Sinnbild des Dreifaltigen Gottes. Sie werden so in das Handeln Gottes einbezogen, damit sich durch sie die Kraft Gottes als mächtig erweisen kann.

Wenn Jesus einem Menschen die Hände auflegt, dann geschieht das immer aus demselben Grund: „Er legte jedem Kranken die Hände auf und heilte sie alle" (Lk 4,40).

Durch das Auflegen seiner Hände wird der Mensch bis auf den Grund seiner Seele geheilt und befreit. In seiner liebevollen Berührung kann sich alles lösen, was den Menschen fesselt, was ihn krank oder unberührbar macht. Durch die Erfahrung seiner Liebe gehen dem Menschen die Augen auf, seine Ohren werden hellhörig, und aus seinem verstummten Mund werden Lebensworte befreit.

Durch die Handauflegung strömt seine Kraft über in den Menschen, durch dessen Hände nun auch, in der Kraft des Geistes und im Namen Jesu, Zeichen und Wunder geschehen können.

Immer wieder können wir lesen, daß die besondere Liebe und Zuwendung Jesu den Kranken, den Sündern, den Armen und Schwachen gehört. Ihnen kann er Anteil an sich geben und sie mit seiner Liebe beschenken. Sie hat er bevorzugt in seinen Dienst genommen, weil allein durch sie sein machtvolles Heilshandeln offenbar werden kann. Auch der Apostel Paulus weist uns auf dieses Geheimnis hin: „Seht doch auf eure Berufung, Brüder! Da sind nicht viele Weise im irdischen Sinn, nicht viele Mächtige, nicht viele Vornehme, sondern das Törichte in der Welt hat Gott erwählt, um die Weisen zuschanden zu machen, und das Schwache in der Welt hat Gott erwählt, um das Starke zuschanden zu machen. Und das Niedrige in der Welt und das Verachtete hat Gott erwählt: das, was nichts ist, um das, was etwas ist, zu vernichten, damit kein Mensch sich rühmen kann vor Gott!" (1 Kor 1,26–29).

Trost und Ermutigung gehen für uns von diesem Bild und dieser Botschaft aus. Es spricht Erfahrungen an, die wir aus unserem menschlichen Miteinander kennen:
Zu spüren, daß jemand zu und hinter mir steht in meiner Schwachheit, in meiner Unsicherheit und Unzulänglichkeit, kann mir neuen Mut geben, mich für das zu öffnen, was vor mir liegt.
Das Zutrauen, das jemand zu mir hat, kann in mir neue Gaben und ungeahnte Kräfte wecken.
Das Vertrauen, das mir jemand schenkt, kann mein Mißtrauen heilen und mich aus dem Gefängnis meines Ichs befreien.
Durch die Erfahrung, trotz meiner Mängel und Fehler geliebt zu sein, kann ich mich selbst mehr annehmen und so zu einem liebesfähigeren Menschen werden. Alle diese Erfahrungen vermitteln uns etwas von der Liebe und der Zuwendung Gottes zu uns.

Das Bild geht aber noch einen Schritt weiter. Es sagt uns: Selbst wenn uns alle Menschen verlassen würden, dann haben wir immer noch einen an unserer Seite: Jesus.
In ihm ist unsere Kleinheit und Schwachheit geborgen. Er steht an unserer Seite, wenn wir nicht mehr weiterwissen. Er deckt und stärkt uns den Rücken, wenn wir voller Angst oder verzagt sind. Er nimmt uns an in unserer Verlassenheit und vertraut uns auch dann noch, wenn wir versagen oder schuldig werden. Seine Liebe heilt und befreit uns jeden Tag neu für den Dienst an den Menschen. Dort, wo wir unsere leeren, fragenden und bittenden Hände zu ihm erheben, wird er mit seiner Kraft in und durch uns wirken. Unsere Schwachheit wird der Berührungspunkt sein, der uns mit ihm vereint. Dies bezeugt uns auch der Apostel Paulus. Auf die Zusage Gottes: „Meine Gnade genügt dir; denn sie erweist ihre Kraft in der Schwachheit", bekennt er: „Viel lieber also will ich mich meiner Schwachheit rühmen, damit die Kraft Christi auf mich herabkommt. Deswegen bejahe ich meine Ohnmacht, alle Mißhandlungen und Nöte, Verfolgungen und Ängste, die ich für Christus ertrage; denn wenn ich schwach bin, dann bin ich stark" (2 Kor 12,9–10).

Alle, die ihn berührten, wurden geheilt

Lk 6,19

Ein wortloses Geschehen ist auf diesem Bild dargestellt. Zwei Menschengruppen drängen sich um Jesus, der in der Mitte des Bildes steht. Es ist, als würden diese Menschen wie von einem Magnet angezogen. Auffallend sind vor allem ihre Augen und Hände.
Offensichtlich ist nur das Schauen, das Erspüren und Berühren wichtig. Die Menschen stehen alle auf den Zehenspitzen, um wenigstens einen Blick von Jesus zu erhaschen. Mit Finger- und mit Seelenspitzen versuchen sie ihn zu berühren. Jesus läßt es zu. Frei steht er da, in der ihn bedrängenden Menge. Durch die Berührung wird seine Freiheit in nichts eingeschränkt. Jederzeit könnte er durch die Menge hindurchgehen und sich ihr entziehen. Aber er läßt sich berühren und so die heilende Kraft, die von ihm ausgeht, weiterfließen an alle, die sich danach ausstrecken. Er verschließt sich nicht. Seine Hände sind offen und einladend. Jeder darf kommen und sich dieser heilenden Berührung anschließen.

Betrachtet man die Komposition des Bildes, dann fallen zwei geometrische Strukturen auf: ein Rechteck, das den gesamten Menschenblock umrahmt – ein Symbol für die Welt. Es wird durchdrungen von einem Dreieck aus vielen Händen, Sinnbild für den Dreifaltigen Gott. Diese Symbolik deutet an, daß in Jesus Gott mit seiner ganzen Heilsmacht in die von Heillosigkeit geprägte Welt einbricht.

Unter den vielen Menschen, die auf diesem Bild dargestellt sind, nimmt jemand eine Sonderstellung ein: die Frau, die zu seinen Füßen kauert. Sie ist die einzige, die in den göttlichen Bereich, das Dreieck, vorgedrungen ist. Sie nützt den Raum, den alle anderen aussparen, weil sie sich nicht so tief hinabbeugen wollen.
Die Hände der anderen wirken wie ein Zelt, unter dessen Schutz sie sich Jesus zu Füßen wirft. Dort kauert sie ungesehen und unbemerkt von den anderen. Sie berührt Jesus von hinten, und er wendet sich um, so als würde er spüren, daß diese Berührung von einer anderen Qualität ist. Alle Falten seines Gewandes fließen zu dieser Frau hin. Es scheint, als würde sich sein ganzer Heilswille auf diese Frau hin verdichten.
Ihre Hände formen sich zu einer Schale, ihr ganzer Leib wird zu einem Gefäß, das die göttliche Kraft begierig in sich aufnimmt. Zärtlich küßt sie den Saum seines Gewandes. Sie verzichtet auf den Blickkontakt mit Jesus in dem Glauben, daß allein schon die Berührung seines Saumzipfels sie heilen kann. Und gerade durch diesen Glauben und ihr Vertrauen kommt sie ihm näher als alle anderen. Diese Berührung wird ihr Leben grundlegend verändern, und nie wird sie das Wort vergessen: „Frau, dein Glaube hat dir geholfen. Ich will, sei heil!"

Von Jesus wird gesagt: „Alle Leute versuchten ihn zu berühren, denn es ging eine Kraft von ihm aus, die alle heilte" (Lk 6,19). Immer wieder kann man in den Erzählungen der Evangelien lesen, wie er sich von der Not der Menschen anrühren ließ und wie sie dadurch heil wurden. Berührung heilt, weil sie den Menschen aus seiner Einsamkeit heraus in eine Beziehung hineinholt.

Wer aber sind die Menschen, die sich an Jesus herandrängen, um von ihm geheilt zu werden? Wenn man dieser Frage im Neuen Testament nachgeht, dann stößt man zunächst einmal auf ganz konkrete Krankheiten. Jesus heilt Blinde und Taube, Lahme, Aussätzige und Besessene. Er ist aber auch gekommen, um die Sünder zu heilen und alle, die ein zerbrochenes Herz haben. Er will die Untreue seines Volkes heilen und den Verachteten ein neues Ansehen schenken.

Auf dem Bild sieht man nur dem Blinden seine Krankheit an. Bei den anderen ist sie verborgen. Offensichtlich ist nur ihre Sehnsucht, heil zu werden. Vielleicht sind es Menschen, die mit ihrem gebrochenen Herzen zu Jesus kommen? Enttäuschte, die nicht mehr vertrauen können; Ausgenutzte und Fallengelassene, Mißhandelte und Mißbrauchte, Verachtete und Verurteilte, Betrogene und Hoffnungslose; Menschen, deren Wunden nur durch die Berührung mit der bedingungslosen Liebe Gottes wieder heilen können.
Es könnten aber auch einsame und unbeachtete Menschen sein oder solche, die durch das Netz der Gesellschaft hindurchgefallen sind: Menschen, die in ihrer maßlosen Sehnsucht nach Liebe und Anerkennung in die Maßlosigkeit der Sucht oder in die Sinnlosigkeit des Lebens abgeglitten sind und nun bei Jesus wieder Halt und Ziel für ihr Leben suchen. Vielleicht sind aber auch Menschen dabei, die die Last ihrer Schuld nicht mehr tragen können; die große Schar all derer, zu denen Jesus sagt: „Deine Sünden sind dir vergeben. Geh hin und sündige nicht mehr!"
Für sie alle ist Jesus gekommen, damit die Liebe Gottes allen Menschen offenbar wird und damit alle Enden der Erde das Heil sehen.

Jedem, der den Mut hat, sich einzugestehen, daß er heilungsbedürftig ist, steht die Möglichkeit offen, sich mit Leib und Seele nach dem Heil auszustrekken. Auch heute noch möchte uns Jesus anrühren: in seinem Wort, im Sakrament und schließlich im Mitmenschen. Wir dürfen ihm unsere kranken, aussätzigen und von Schuld gebrochenen Stellen hinhalten in dem Vertrauen, daß auch uns sein Wort gilt: „Ich will! Sei heil!"

Herr,
in deine Hände lege ich meine Not:
alles Zerbrochene und Enttäuschte,
alles Erschreckte und Verwundete,
alles Notvolle und Verwirrte.
Rühre es an mit deiner Liebe.
Heile und befreie mich
bis auf den Grund meiner Seele.
Erfülle mich mit deiner Liebe,
dann werde ich heil!

Der sinkende Petrus

Mt 14,22–33

Ein riesiger Wellenberg füllt wie ein Atompilz das Format des Bildes. Die Wogen schlagen von innen nach außen, und es scheint, daß die Ausbreitung des Chaos noch kein Ende gefunden hat. Die Mitte des Orkans wird jedoch von einer glatten schwarzen Fläche bestimmt, die Ruhe vermittelt. Sie erinnert an das Sprichwort: „Im Herzen eines Taifuns kann ein Kind schlafen."

Links oben auf dem Wellenberg schwimmt, wie eine Nußschale, ein kleines Boot. Dicht gedrängt sitzen darin elf Männer, die sich ängstlich aneinander klammern. Das Wasser um dieses Boot herum ist aufgewühlt. Man spürt förmlich die Gefahr, in der diese Menschen schweben. Jede Sekunde könnten sie von einer Woge aus dem Bild herausgeschleudert werden. In der Scheinsicherheit des Bootes sind sie dem Spiel der Wellen preisgegeben, ihre Zukunft ist ungewiß.
Ängstlich und erschrocken starren sie alle in eine Richtung auf den, der die Sicherheit des Bootes verlassen hat. Er hat sich von der Peripherie in das Zentrum des Geschehens hineinlocken lassen: Petrus. Jetzt droht er jedoch in der Dynamik der Bewegung, auf die er sich eingelassen hat, zu versinken. Die Wellen schlagen ihm bis zum Hals, um ihn endgültig zu verschlingen. Von seiner Gestalt her scheint es, als würde er am Kreuze hängen. Seine Hände greifen ins Leere, ins Dunkle. Nur sein Blick ist gehalten vom liebevollen Blick Jesu. Der waagrechte Balken im Kreuzesnimbus unterstreicht noch die Bedeutung dieses rettenden Blickkontaktes.

Jesus steht rechts, am Rande des Geschehens. Sein Oberkörper ist ganz dem versinkenden Petrus zugewandt. Seine rechte Hand öffnet sich unter der Hand des Petrus. Diesem kann nichts weiter geschehen, als in die offene Hand Jesu hineinzufallen, auch wenn er dazu erst noch etwas tiefer sinken muß. Die Rettung ist sicher.
Die Beine Jesu sind aus dem Geschehen hinausgerichtet. Es scheint, als wüßte er den Ausweg aus diesem Chaos. Sobald er die Hand des Petrus ergriffen hat, wird er ihn herausführen aus aller Bedrohung und Bedrängnis.

Wie die rettende Hand Jesu Petrus gilt, so gilt die belehrende Hand den elf Jüngern im Boot. Über sie und den senkrechten Balken im Kreuzesnimbus wird der Kontakt zwischen Jesus und dem Boot hergestellt. Den elf Männern, die in ihrer vermeintlichen Sicherheit dem Geworfensein des Wassers ausgeliefert sind, gilt die Belehrung. Vielleicht stellt er ihnen den waghalsigen Petrus vor Augen, der aus Liebe alles aufs Spiel gesetzt hat und der selbst im Untergang noch erfahren darf, daß er gehalten ist.

Wie hat sich Petrus wohl im Augenblick des Versinkens gefühlt? Von einem Moment zum anderen ist für ihn alles zusammengebrochen. Hatte er nicht alles auf eine Karte gesetzt, alles riskiert? Und hatte er sich nicht für ungeheuer stark und wichtig gehalten, als er die ersten Schritte auf dem Wasser wagte? Vielleicht war es für ihn notwendig, daß er den Boden unter den Füßen verlor, um wieder auf den Boden seiner eigenen Realität zu kommen. Vielleicht mußte er erkennen, daß er aus eigener Kraft nichts vermochte und daß alles Gnade und Geschenk ist. Erst als er in der sicheren Hand Jesu landete, wird er wohl wieder entdeckt haben, daß sich das Risiko gelohnt hat. Nur durch den Untergang konnte er erfahren, daß er auch im Scheitern gehalten ist; daß es aus jeder Katastrophe einen Ausweg gibt und daß denen, die Gott lieben, alles zum Besten gereicht.

Jedem Menschen wird es irgendwann einmal so ergehen wie Petrus. Jeder wird einmal erfahren müssen, daß er dort, wo er alles auf eine Karte gesetzt hat, aus eigener Kraft nicht mehr weiterkommt. Vielleicht bricht eine Katastrophe in sein Leben ein, die ihm den Boden unter den Füßen wegzieht und ihn in einen Abgrund der Verzweiflung und der Hoffnungslosigkeit stürzen läßt: Beziehungen, die zerbrechen, Menschen, die ausgenutzt und dann weggeworfen werden, Krankheit und Tod, die plötzlich in ein Leben einbrechen können. Jeder wird irgendwann vom Sog des Lebens in einen Abgrund der Sinnlosigkeit hinabgezogen, aus dem es scheinbar keinen Ausweg mehr gibt.
Gerade in diesen hoffnungslosen Situationen zeigt uns das Evangelium einen Ausweg auf. Es sagt: Mitten im Chaos wartet eine Hand auf dich, die dich auffängt. Mitten in der größten Hoffnungslosigkeit und Verlassenheit gibt es einen, der für dich da ist und der mit dir gehen möchte; einen, der den Ausweg weiß aus der Ausweglosigkeit. Es zeigt uns, daß der Einbruch in einem Leben keine Katastrophe bleiben muß, sondern daß er zum Durchbruch in eine tiefere Wirklichkeit werden kann. Der Nullpunkt kann zum Anfang eines neuen Lebens werden, wenn wir Jesu Hand ergreifen.

Die Geschichte vom sinkenden Petrus hat aber noch eine weitere Botschaft, die die Kirche und jeden einzelnen Christen herausfordert. Sie führt uns vor Augen, daß die Nachfolge Jesu immer eine Berufung zum Risiko ist. Gott ruft uns heraus aus unseren falschen Sicherheiten. Er fordert uns auf, das Risiko zu wagen.
Christen müssen Menschen des Risikos sein. Sie wissen nicht, was der nächste Schritt, der nächste Tag bringen wird. Sie sind aufgerufen, das scheinbar Unmögliche zu wagen: über Wasser zu gehen, sich in die Stürme des Lebens hineinzuwagen, Kranke zu heilen, Tote aufzuerwecken und Frieden zu stiften. Dazu braucht Jesus Menschen, die für ihn alles riskieren und nichts von sich zurückbehalten. Menschen, die sich nicht scheuen, neue Wege zu suchen und zu betreten, auch wenn sie dabei Gefahr laufen, eventuell zu scheitern. Menschen, die ihr ganzes Vertrauen auf Jesus setzen und wissen, daß sie auch im Scheitern gehalten sind. Wagen wir es, dieses Risiko der Nachfolge einzugehen?

Die beiden Brüder

Lk 15, 25–32

Drei Menschen sind auf diesem Bild unterwegs. Auch wenn sie scheinbar in die gleiche Richtung gehen, so herrscht zwischen ihnen doch eine gespannte, ja fast feindselige Atmosphäre. Not und Einsamkeit werden signalisiert. Die rechte Figur weckt den Eindruck eines traurigen, einsamen Menschen, der in seiner Hilflosigkeit unfähig ist, auch nur einen Schritt zu tun. Fast verzagt sind seine Hände ineinander verschlungen. Ängstlich jeden Blickkontakt vermeidend sind seine Augen traurig auf den Boden gerichtet. Es ist förmlich spürbar, daß es ihm schwer fällt, sich selbst anzunehmen und zu glauben, daß er noch eine Existenzberechtigung hat.

Total in sich verschlossen wendet sich der Mensch zur Linken von ihm ab. Seine verschränkten Hände wirken wie ein Knoten, der sich ihm auf das Herz gelegt hat. Auch ihm steht eine tiefe Traurigkeit ins Gesicht geschrieben. In seinem Schmerz macht er sich unangreifbar, unberührbar. Wie ein spitzer Pfeil der Anklage baut sich seine ganze Gestalt gegen die anderen hin auf. Bleischwer setzt er die Füße voreinander, so als würde er eine Zentnerlast mit sich schleppen, die ihn unfrei und schwerfällig macht. Es ist deutlich, wie diese Last, die auf seinem Herzen liegt, ihn niederdrückt und wie ihn seine Verschlossenheit handlungsunfähig macht.
Und doch hat es den Anschein, daß der Bruch zwischen den beiden noch nicht endgültig ist. Die verschränkten Arme des linken Menschen suchen, trotz aller Verschlossenheit und Anklage, doch noch einen Kontakt. Sie signalisieren, daß die innere Abwendung des Herzens noch nicht ganz vollzogen ist und daß auch er sich nach der Erlösung aus diesem Zustand sehnt.
So laufen die beiden nebeneinander her, an sich und aneinander leidend, getrennt durch eine Kluft eisigen Schweigens, gefangen in ihrer Unfähigkeit, von sich wegzuschauen und einen Schritt auf den anderen zuzumachen.

Diese Kluft wird von der mittleren Gestalt gefüllt und überbrückt. Sie ist der Vermittler, der mit dem Einsatz seiner ganzen Person in die Bresche springt und die beiden wieder zu verbinden versucht.
Seinen linken Arm hat er um die Verlorenheit des einen gelegt. Er nimmt ihn in sich hinein, birgt ihn an seinem Herzen und schenkt ihm so die notwendige Annahme und den nötigen Halt. Harmonisch passen sich die Formen des Außenseiters in die des Vermittlers ein, und auch die Bewegung der Faltenwürfe trägt dazu bei, daß die beiden zu einer Einheit verschmelzen.
Die ganze Aufmerksamkeit und Sorge dieses Menschen gilt jedoch nicht dem, der in seiner Verlorenheit die Beziehung zuläßt, sondern dem, der in seiner Verschlossenheit in die Leere, in die Beziehungslosigkeit auswandert. Behutsam durchbricht er mit seiner rechten Hand die Ablehnung dieses Menschen. Diese offene Hand schafft die Verbindung zu dem, der sich selbst ausschließt. Sie ist der Brennpunkt, in den hinein sich das ganze Bild verdichtet. Hier kreuzen sich die beiden Diagonalen, die das

Bild durchziehen. Hier findet die Dramatik dieser beiden Menschen, die miteinander über Kreuz sind, ihren möglichen Wendepunkt.

Dargestellt ist in diesem Bild eine Szene aus dem Gleichnis vom verlorenen Sohn. Es zeigt, wie der jüngere Sohn, der seine Schuld einsieht und bereut, von der Liebe des Vaters aufgenommen wird.
Der ältere Sohn, der sich dadurch ungerecht behandelt fühlt, wendet sich enttäuscht ab. „So viele Jahre schon diene ich dir und nie habe ich gegen deinen Willen gehandelt; mir aber hast du nie auch nur einen Ziegenbock geschenkt, damit ich mit meinen Freunden ein Fest feiern konnte. Kaum aber ist der hier gekommen, dein Sohn, der dein Vermögen mit Dirnen durchgebracht hat, da hast du für ihn das Mastkalb geschlachtet" (Lk 15,29-30).
Man kann ihn verstehen, diesen älteren Sohn, der sich betrogen und ausgenützt vorkommt. Er, der gut genug war, die Last des Alltags mitzutragen, muß nun erleben, daß dem anderen die ganze Aufmerksamkeit gehört. Er, der zur Selbstverständlichkeit wurde, muß nun erfahren, daß dem, der alles falsch gemacht hat, die ganze Liebe des Vaters gehört. Diese Erfahrung ist für ihn so schmerzlich, daß er keinen anderen Weg mehr sieht, als wegzugehen und alle Brücken hinter sich abzubrechen.
Offen bleibt in diesem Gleichnis, wie die Geschichte dieser beiden Brüder ausgeht, wie sich der ältere Sohn am Ende entscheidet. Er ist in die Freiheit gestellt, eine Entscheidung für oder gegen seinen Bruder zu treffen, zu bleiben oder zu gehen. Deutlich wird nur, daß die Maßstäbe für die Liebe Gottes offensichtlich ganz anders sind als unsere.

Wir finden uns selbst immer wieder in der Situation des älteren Bruders. Immer wieder wandern wir in die Beziehungslosigkeit aus, das geschehene Unrecht beklagend. In unseren Herzen pflegen wir viel öfter eine Kultur des erlittenen Unrechts, die es uns erlaubt, uns in Selbstmitleid zu verschließen, anzuklagen, auf- und vorzurechnen, statt eine Kultur des Liebens und Verzeihens. Stumm anklagend laufen wir nebeneinander her, unfähig, die trennende Kluft durch ein versöhnendes Wort oder eine versöhnliche Geste zu überbrücken.
Je länger wir jedoch in der Haltung der Verschlossenheit verharren, desto schwerer fällt es, uns wieder zu öffnen. Nicht selten ist deshalb ein Vermittler nötig: ein Mensch, der den Unversöhntheiten in sich Raum gibt, ohne sie zu bewerten und zu beurteilen, einen, der durch sein Wort die Kluft des Schweigens überbrückt und den Blick vom Unwesentlichen weg wieder auf das Wesentliche lenkt.
Für uns Christen ist dieser Vermittler letztlich Jesus. Er ist in die Abgründe des menschlichen Lebens hinabgestiegen. Er ist so weit gegangen, daß er all unsere Schuld auf sich genommen hat, damit nichts Trennendes mehr zwischen uns stehen kann; damit das Wort der Versöhnung, aus der Erfahrung der Vergebung eigener Schuld, uns leichter von den Lippen kommt. Das Maß seiner Gerechtigkeit ist die Liebe, in der es nichts Unverzeihbares mehr gibt.

Feuer auf die Erde zu werfen, bin ich gekommen

Lk 12,49

Das Bild ist von einer ungeheuren Dynamik bestimmt. Die Gestalt Jesu und sein Wirken füllen das gesamte Format. Seine Augen sind nach oben gerichtet, über das Bild hinaus. Dort ist der ruhende Punkt, in dem er innerlich verankert ist und der ihn in aller Bewegtheit hält. Er ist ganz Auge und Ohr für das, was er sieht. Seine ganze Konzentration ist nicht auf sich selbst und sein Tun gerichtet, sondern auf ein Du, das unseren Blicken verborgen ist und das ihn entflammt und wie von selbst in Bewegung hält.

Seine Handflächen sind nach oben gerichtet. Es sind Hände, die nichts für sich zurückbehalten, sondern alles weitergeben, was er selbst empfangen hat. Aus ihnen fließt das Feuer wie ein Strom, der sich alles einverleibt. Wo das Feuer, das von ihm ausgeht, die Erde berührt, dort lodern Flammen auf. Die Dunkelheit, die sich auf die Erde gelegt hat, wird von einem Feuersturm zerrissen.
Die Gestalt Jesu steht im Goldenen Schnitt. Flammen schlagen aus seiner Person, die wie Flügel wirken. Die Leidenschaft für das Reich Gottes beflügelt ihn in seinem Tun. Wie der brennende Dornbusch bei Mose brennt er und verbrennt dabei doch nicht. Die Flammen durchwirken die ganze Welt.

Seine Person ist in zwei Diagonalen hineingespannt, wie in eine Zerreißprobe. Seine Beine und sein Oberkörper sind so verdreht, als würde das Innerste aus ihm herausgepreßt werden. Das innerste Wesen Jesu ist Feuer und Geist.

Der Kreuzesnimbus kennzeichnet ihn als den Gekreuzigten; als den, der durch die Feuerprobe des Glaubens und der Liebe bereits hindurchgegangen ist.
Eine Feuerdiagonale teilt das quadratische Format, die „Welt", in zwei Hälften: in eine, die noch vor Jesus in der Dunkelheit liegt, und in eine, die er bereits durchschritten hat, die vom Feuer erfaßt ist. Durch seine Gestalt und den rechten Flügel wird noch einmal ein Quadrat gebildet, fast so, als würde es eine äußere und eine innere Welt geben. Hier in der „inneren" Welt wird das Feuer ausgegossen. Von dort breitet es sich über die ganze Welt aus.

Das Feuer hat für den Menschen schon immer eine besondere Bedeutung gehabt. Die Nutzung des Feuers kennzeichnet den Beginn der Menschheitsgeschichte. Erst das Feuer ermöglichte es, die Welt zu gestalten. Es steht am Anfang aller Kultur. Vielleicht ist deshalb das Feuer für uns Menschen ein so tiefes und wirkmächtiges Symbol, das uns zugleich anzieht und Angst macht.
Die Wirkungen des Feuers sind vielseitig: es verbrennt und vernichtet, es läutert und reinigt, es wärmt und erhellt. Und weil alles, was vom Feuer erfaßt wird, eine Umwandlung durchmacht, ist es auch immer ein Symbol für Verwandlung.
Schon im Alten Testament wurde Gott von den Menschen als lebendiges, aber auch alles verzehrendes Feuer erlebt: „Der Herr, dein Gott, ist verzehrendes Feuer" (Dtn 4,24). Durch seine Eigenschaften war das Feuer schon von jeher ein Symbol für Gott.

Der syrische Theologe Dionysios Areopagita, der um 500 n. Chr. lebte, meditierte die Besonderheiten des Feuers als ein anschauliches Bild für die göttliche Seinskraft: „Das Feuer teilt sich jedem mit, der sich ihm, auf welche Weise auch immer, nähert. Es belebt und verjüngt durch seine lebenspendende Wärme, erleuchtet durch seine nicht zu hemmenden Strahlen, ist unbesiegt und unvermengt, kritisch zertrennend, unveränderlich, nach oben strebend, schaffensmächtig. Es verwandelt alles, dem es inne wird, in das eigene Wesen und Wirken hinein."

Jesus geht es um die Neuschöpfung des Menschen. Er setzt an den Beginn der Neuschöpfung wieder das Bild des Feuers, das Feuer der Liebe und des Geistes Gottes. Er versteht sich als der „Feuerbringer", der mit seiner Botschaft eine „Feuerkunde" in die Welt hineinwirft. Vieles in der Welt, in unseren Herzen muß verbrennen und geläutert werden, damit eine neue Schöpfung, eine neue Lebens- und Liebeskultur kommen kann. Er ist gekommen, um uns mit dem Heiligen Geist und mit Feuer zu taufen (Mt 3,11). Wer sich ihm nähert, darf keine Angst vor dem Feuer haben. Er darf keine Angst vor klaren Entscheidungen haben, denn das Feuer scheidet die Geister.

Wenn wir uns auf Jesus und seine Botschaft mit ganzem Herzen einlassen wollen, dann müssen wir das Feuer „riskieren", ja sagen dazu, daß alles fortgebrannt wird, was seiner Liebe entgegensteht; ja sagen dazu, daß das Feuer des Geistes unsere innere Gestalt von allen Oberflächlichkeiten befreit. Wir müssen dazu ja sagen, daß uns im klaren Licht seiner Liebe unsere eigene Liebesunfähigkeit schmerzlich bewußt wird, damit sie umgewandelt werden kann in seinem Erbarmen. Wir müssen uns auch dafür entscheiden, daß im Feuersturm des Geistes der alte Mensch vernichtet werden darf, damit aus seiner Asche der neue Mensch erstehen kann, dessen Seele die Liebe Gottes reflektiert und dessen innerstes Wesen auch zu Feuer geworden ist; ein Mensch, der nun selbst zur Brandgefahr wird, weil das Feuer der Liebe und des Geistes von ihm überspringen und neues Leben zünden wird.

Jesus möchte, daß wir uns von ihm entbrennen lassen. Er will uns zu „Kindern des Feuers" machen, deren Leben nach außen hin sichtbar macht, was in ihnen brennt und glüht. Riskieren wir das Feuer?

ICH HABE EUCH AUFGESPIELT, UND IHR HABT NICHT GETANZT

Lk 7,32

Einer läßt sich bewegen und bringt sich ins Spiel. Der Kreuzesnimbus weist ihn als Jesus aus. Tanzend spielt er auf einer Flöte. Fast meint man, die Töne zu hören, die von ihm ausgehen und den Raum erfüllen.
Als einzelner steht er einer Gruppe gegenüber, die wie gefesselt wirkt. Schon durch sein Bewegtsein, sein Anderssein ist er von diesen Menschen isoliert. Die Kluft, die sich zwischen ihnen auftut, wird nur durch die Flöte überbrückt. Ganz sachte rührt sie den Menschenblock an, sanft hallt seine Melodie zu ihnen herüber, wie aus einer anderen Welt.
Die Augen Jesu sind nicht auf diese Gruppe gerichtet. Sie schauen über sie hinweg in eine andere, unsichtbare Wirklichkeit. Dort hat er seinen Halt, von dort her läßt er sich bewegen. Man spürt förmlich, wie er sich in seinem tiefsten Empfinden und Sein verausgabt, und doch scheint er nicht in der Lage zu sein, auch nur einen aus dieser Gruppe zu bewegen.

Bis zur Unbeweglichkeit ineinander verknotet und verschlungen, wirken diese Menschen wie ein Felsblock; ein Block, in dem das Leben erstarrt ist und an dessen Unantastbarkeit alles abprallt. Ihre geballte Aufmerksamkeit ist zwar auf den Tanzenden gerichtet, ihre Körper drücken jedoch Ablehnung und Verschlossenheit aus. Sie halten sich gegenseitig fest, so als würden sie fürchten, daß etwas Gefährliches in ihre Reihen eindringen könnte oder daß einer von ihnen aus der Reihe tanzen könnte. Auf ihren Gesichtern liegt teils ungläubiges Erstaunen und Erschrecken, teils offenkundiger Spott darüber, daß einer es wagt, sie in ihrer Selbstsicherheit aufzustören. Niemand in dieser Gruppe kann die Botschaft überhören, und doch läßt sich keiner von ihnen bewegen. Sie sind zu einer unbeweglichen Masse geworden.

Drei Parallelen durchziehen das Bild. Eine läuft durch die Füße, eine durch die Hände und die dritte durch den Kreuzesnimbus. Auch sie verstärken den Eindruck, daß es hier kein Zusammentreffen geben kann, daß die Melodie wirkungslos im Raum verhallen muß. Und doch wissen wir, daß sich Parallelen im Unendlichen schneiden, daß irgendwann einmal die Zeit der Begegnung kommen wird.
Als ob diese Zeit schon jetzt anbrechen könnte, neigen sich die Köpfe auf der linken Seite bereits zu der spielenden Hand hin. Es ist, als würde der Fels an dieser Seite zu erweichen beginnen. Hier werden die Schrägen, die den bewegten Jesus durchziehen, aufgenommen, und es scheint, daß wenigstens an diesem Punkt die Bewegung überspringen könnte.

Das Bild trägt den Titel: „Ich habe euch aufgespielt, und ihr habt nicht getanzt." Es ist eine Umdeutung des Schriftwortes: „Wir haben für euch auf der Flöte gespielt, und ihr habt nicht getanzt; wir haben Klagelieder gesungen, und ihr habt nicht geweint" (Lk 7,32). Vielleicht tritt durch diese Umdeutung das Wesentliche dieses Wortes klarer hervor.

Es ist sicherlich die eigentliche Passion im Leben eines Menschen, wenn er sich mit seiner ganzen Kraft

und seinem ganzen Vermögen ins Spiel bringt und dann erleben muß, daß er nichts bewegen kann. Auf welchen Menschen trifft diese Erfahrung mehr zu als auf Jesus? Mit seinem ganzen Leben hat er sich ins Spiel gebracht; wie sehr hat er darunter gelitten, daß sich nur so wenige von seiner Botschaft bewegen ließen?
Welches Instrument könnte besser zu ihm passen als die Flöte? Sie ist ein Urinstrument, das den Atem in einen Ton verwandelt. Jesus hat das tiefste Atmen seiner Seele in Schwingung gebracht und hörbar gemacht. Er wollte so die Herzen der Menschen anrühren und sie einladen, sich bewegen zu lassen und in dieses neue Lied mit einzuschwingen.

Sich bewegen zu lassen, bedeutet jedoch, alte Sicherheiten aufzugeben und das Wagnis einzugehen, Neuland zu betreten. Kein Wunder, daß es für die Wissenden der damaligen Zeit nur zwei Möglichkeiten gab, ihre in Frage gestellte Existenz zu retten: entweder mußten sie ihre Sicherheiten aufgeben und das neue Leben wagen, oder sie mußten ihre Todsicherheit verteidigen.
Damals waren sie nicht in der Lage, aufzubrechen und eine neue Zukunft zu wagen. Sie entschieden sich für die abschätzbare Sicherheit ihrer Macht, und so wurde Jesus, der als Vermittler der Liebe Gottes kam, ans Kreuz geschlagen.

Dennoch geht keine Schwingung verloren. Die Schwingungen seines Lebens, seiner Botschaft rühren auch heute noch unsere Herzen an und möchten uns in Bewegung bringen. Sie stellen uns immer wieder vor die Entscheidung: Will ich den Aufbruch, das Leben wagen, oder bleibe ich in meiner eigenen Todsicherheit sitzen? Wage ich das Vertrauen und den Neuanfang, oder möchte ich mich selbst bewahren? Wagen wir als Gemeinde, als Kirche den Aufbruch aus unseren Gewohnheiten und Traditionen, vielleicht sogar aus einer toten Gesetzesfrömmigkeit, um mit Jesus neue Wege zu suchen und zu beschreiten?

Jesus tanzt im Herzen aller Menschen. Sein Lebenslied rührt auch an meine verhärteten und versteinerten Stellen und fordert mich auf aufzubrechen, mich von seinen Worten und Taten bewegen zu lassen, um so mit ihm mein Leben neu zu beginnen. Werde ich es wagen?

Herr,
höre nicht auf zu tanzen
in unseren tauben Herzen.
Rühre uns an mit deinem Lebenslied,
bis wir uns nicht mehr entziehen können
dem Rhythmus deiner Liebe,
der Sprengkraft deines Wortes
und uns endlich aufmachen,
um zu Menschen zu werden,
in deren Herzen deine Botschaft
widerhallt!

Seht, welch ein Mensch!

Joh 19,1–7

Da hängt einer in den Seilen, hilflos und ohnmächtig. Der Kreuzesnimbus macht ihn als Jesus kenntlich. Die Hände, die so vielen Menschen halfen, sind nun gebunden, sein Handeln wurde durchkreuzt. Kraftlos hängt er in den Fesseln. Nur sie halten ihn noch aufrecht an der Martersäule. Er, der sogar Tote aufgerichtet hat, fällt in sich zusammen. Nackt ist sein Körper, schutzlos dem Spott und den Schlägen preisgegeben. Müde und traurig läßt er den Kopf hängen. Sein Mund bleibt stumm. Das Wort, das Jesaja über den Gottesknecht sprach, erfüllt sich nun: „Er wurde verachtet und von den Menschen gemieden, ein Mann voller Schmerzen, mit Krankheit vertraut. Er wurde mißhandelt und niedergedrückt, aber er tat seinen Mund nicht auf. Wie ein Lamm, das man zum Schlachten führt, und wie ein Schaf angesichts seiner Scherer, so tat auch er seinen Mund nicht auf" (Jes 53,3.7).

Während die Figur Jesu erschlafft ist, steht die Figur seines Peinigers von den Zehen- bis zu den Fingerspitzen hin unter Hochspannung. Mit dem linken Zeigefinger gleich einem Pfeil auf Jesus zeigend, holt er mit der rechten Hand zum nächsten Schlag aus. Halb abgewendet läßt dieser Mensch seinen ganzen Haß und Spott an Jesus aus. Sprechend wirkt dabei der aus dem Hinterhalt auf ihn gerichtete Zeigefinger: „Seht doch diesen Schwächling! Nicht einmal sich selbst kann er helfen. Ein ‚Messias' mit gebundenen Händen!"

Vielleicht ist dieses Denken die Säule, auf die er sein Handeln stützt. Jesus erträgt den Spott, erträgt die Schläge, stumm, mit gefesselten Händen.
Und doch offenbart sich in dieser scheinbar gottlosen Situation das Wirken Gottes. Über das angewinkelte Bein und die Arme des Peinigers entsteht, zusammen mit dem geschundenen Körper Jesu, ein Dreieck, Symbol des Dreifaltigen Gottes. In der Ohnmacht, in dem Ausgeliefertsein, in den gebundenen Händen offenbart sich nun eine ganz andere Seite der Liebe Gottes zu den Menschen. Gott nimmt unser ganzes unerlöstes Menschsein auf sich und scheut sich nicht, in die letzten Abgründe der Unmenschlichkeit und des Ausgeliefertseins hinabzusteigen, um auch sie zu erlösen.

Zwei Säulen stützen das Dach, unter dem sich das unglaubliche Geschehen abspielt. Der Eckpfeiler ist die Säule des Leidens. Mit ihr hat sich Jesus untrennbar verbunden. Von dieser Stunde an wird es kein Leid mehr in der Welt geben, das nicht durch sein Leiden mitgetragen und erlöst werden würde. Die andere Säule, die des Hasses und der Unmenschlichkeit, wird in den Hintergrund gerückt. Sie verliert ihre Bedeutung, auch wenn sie nach wie vor eine Realität unseres Lebens ist.
Im Hintergrund öffnet sich die Dunkelheit der Szene in eine helle Weite. Fast fühlt man sich an das offene Grab erinnert, aus dem von hinten her schon jetzt ein Schimmer des österlichen Glanzes auf die Finsternis des Geschehens fällt.

Wieviele Menschen hängen auch heute noch in den Seilen: in den Seilen des Hasses und der Unmenschlichkeit, der Verfolgung und der Folterung, der Ausbeutung und Unterdrückung?
Wieviele unbequeme Menschen werden auch heute noch aus dem Weg geräumt, handlungsunfähig und mundtot gemacht? Wie oft müssen auch wir immer wieder erfahren, daß uns die Hände zutiefst gebunden sind?
Alle diese Ohnmächtigen und vom Leid Gebeugten dürfen nun wissen: Ich bin nicht allein in meiner Not und meinem Elend. Da gibt es einen, der mein Leid mitträgt und der mit seinem Leben dafür einsteht, daß die gebundenen und ohnmächtigen Hände nicht die letzte Wahrheit sind, die mein Leben bestimmt. Jesus hat sich freiwillig die Hände binden lassen, damit nicht mehr sein Wille, sondern der Wille seines Vaters geschehen kann. Sie sind ein Zeichen für sein Vertrauen darauf, daß alles in der Macht des Vaters liegt. Jesus lädt mich ein, meine gebundenen Hände mit den seinen zu verbinden. Wenn ich dieser Einladung folge, dann werde ich vielleicht erahnen, daß meine Ohnmacht nicht das Ende ist, sondern das Einbruchstor der Allmacht Gottes.

Jesus hat sich unauflöslich mit allem menschlichen Leid und aller Ohnmacht verbinden lassen. Er selbst ist zum Garant geworden, daß nicht die Bosheit, das Leid und der Tod das letzte Wort in unserem Leben behalten, sondern die Liebe.
Er ist das Samenkorn des Lebens und der Hoffnung, das in die Finsternis der Welt gesät wurde, um in allen leidenden und ohnmächtigen Menschenherzen aufzugehen und sie von innen heraus zu einer neuen Freiheit und einem tieferen Leben zu befreien.
Das Böse im Leben eines jeden Menschen ist ins Abseits geraten. Es kann letztlich über uns nicht mehr den Sieg hinwegtragen, denn den hat für uns bereits ein anderer errungen.
Aus dieser Gewißheit heraus dürfen wir mitten in der Ohnmacht bereits den Sieg der Liebe preisen und mitten im Leid schon ein Osterlied auf den Lippen tragen. Wir dürfen aus der Sicherheit heraus leben: „Ich weiß: mein Erlöser lebt!" (Ijob 19,25), und mit Paulus dürfen wir bekennen: „Tod, wo ist dein Sieg? Tod, wo ist dein Stachel?" (1 Kor 15,55).

Ich habe den Herrn gesehen

Joh 20,11–18

Zwei geometrische Figuren bestimmen das Bild: ein Kreis und ein Kreuz. In dem Kreis sitzen elf Gestalten. Die Verschlossenheit dieser Gruppe nach außen wird durch die Hände, mit denen sie sich aneinander festhalten, noch verstärkt. Ratlosigkeit und Ungläubigkeit liegt auf ihren Gesichtern. Eine geballte Unbeweglichkeit geht von ihnen aus.

Eine Frau sprengt diese Geschlossenheit auf. Mit weit ausgebreiteten Armen, in der Gestalt eines Kreuzes, bricht sie wie ein Keil in diesen Kreis ein, und mit ihr dringt das Licht in die Dunkelheit vor. Ihre ganze Person strahlt Dynamik aus. Ihr Blick geht über die Männer hinweg. Sie hatte eine innere Schau. Das, was sie geschaut und erlebt hat, drängt sie nach vorne. Ihre Haare flattern im Wind und betonen noch ihr Bewegtsein. Ihre gesamte Gestalt ist Botschaft, die in die Gelähmtheit der Männer einbricht. Die Männer vernehmen diese Botschaft fragend, ungläubig, skeptisch soviel weiblichem Überschwang gegenüber.

Dargestellt ist die Szene, in der Maria von Magdala den Jüngern verkündet: „Ich habe den Herrn gesehen!" (Joh 20,18). In der Dunkelheit der Nacht, in der Finsternis ihres Herzens macht sie sich auf, um dem, den ihre Seele liebte, die letzten Liebesdienste zu erweisen. Sie läßt sich nicht von der Resignation und Hoffnungslosigkeit lähmen wie die Jünger, die sich zu Hause einschließen. Ihre Liebe drängt sie weiter. Sie stellt sich der Leere des Grabes, der Leere ihres Herzens und läßt den Schmerz in seiner ganzen Wucht zu. In dieser schmerzvollen Leere wird ihr die Erfahrung der Auferstehung geschenkt. Ihren Augen ist der Auferstandene verborgen, aber ihr liebendes Herz erkennt den Herrn dort, wo alles hoffnungslos und am Ende zu sein scheint. Seine Stimme rührt ihr Herz an und bringt eine Saite zum Schwingen, die sie schon gerissen glaubte. Die Kruste der Trauer und der Trostlosigkeit, die sich um ihr Herz gelegt hat, wird aufgesprengt. Die Quelle des Leids in ihrem Herzen wird verwandelt in überquellenden Trost. Die Freude und der Jubel setzen sie in Bewegung, wie in einem Freudentanz, und tragen sie zu den Jüngern, die sich noch, gelähmt von Traurigkeit, von allem abkapseln.

Maria wird für sie zum zündenden Funken, der überspringt; zum Hoffnungsfunken, der sie wieder an eine Zukunft glauben läßt; zum Lebensfunken, der die gekreuzigte Liebe in ihrem Herzen wieder auferstehen läßt; zum Glaubensfunken, der die begrabenen Erfahrungen wieder lebendig werden läßt.

Zwei Formen des Umgangs mit Leid und Hoffnungslosigkeit werden in dieser Erzählung aufgezeigt.
An den Jüngern wird gezeigt, wie Hoffnungslosigkeit, Angst und Resignation die Seele des Menschen eisern im Griff halten können; wie der Mensch, gelähmt von Angst und erstarrt im Leid, lethargisch in Resignation verfällt. Angst verschließt, kapselt ab und läßt kein neues Leben zu.

Ohne Hoffnungsboten, die den Auferstehungsglauben, den sie im Herzen tragen, mit ihnen teilen, sind sie in Gefahr, den Weg zum Leben zu verlieren. Sie brauchen Menschen, die ihnen mit ihrem ganzen Leben bezeugen: „Ich habe den Herrn gesehen!" Der Tod ist nicht das Ende, sondern der Anfang eines neuen Lebens! Aus der Grabesausweglosigkeit können sich neue Wege auftun, aus der Hoffnungslosigkeit kann neue Hoffnung keimen! Die Jünger brauchen Menschen, die ihre Verschlossenheit aufsprengen, sie aus der Lethargie aufrütteln und von ihrer Hoffnung und ihrem Glauben Zeugnis geben.

An Maria Magdalena wird der aktive Umgang mit Schmerz und Leid deutlich. Indem sie den Schmerz hautnah an sich heranläßt, mit ihm ringt, sich sogar noch in das Grab hineinbeugt, wird ihr von innen her eine neue Erfahrung geschenkt. Es tut sich ihr eine neue Wirklichkeit auf, die sie sonst nicht hätte wahrnehmen können. Das durchlittene Leid macht sie so zum Auferstehungsboten für alle, denen diese Wirklichkeit noch verschlossen ist.
Kein Mensch, und hat er auch Jesus noch so nahe gestanden wie Maria oder die Jünger, kommt an der Erfahrung von Leid und Verzweiflung vorbei. Sogar die Verzweiflung an Gott selbst und der Zweifel an der Richtigkeit des eigenen Lebensweges bleiben denen, die Jesus nachfolgen, nicht erspart. Nur das eigene durchgestandene Leid macht den Menschen zum Auferstehungsboten, der anderen Licht bringen kann.

Es ist der Herr!

Joh 21,1–14

Eine gewaltige Dynamik bestimmt das Bild. Ausschnitthaft wird der Blick auf einen tobenden See freigegeben. Alles scheint in Bewegung zu sein. Getragen von der schäumenden Gischt stürzt ein Boot auf das Ufer zu. Die Wellen, die von rechts in das Bild hereinbranden, werden dreimal gebrochen: einmal am Boot, ein zweites Mal an Jesus und das dritte Mal am linken Bildrand, von wo aus sie schließlich nach oben über das Bild zurückschlagen. Bewegt sind auch die Menschen, die den Naturgewalten ausgeliefert sind, und das dicht gefüllte Netz, das sie hinter sich herschleppen.
Wie die Meridiane einer Weltkugel übergreift das Netz den oberen Bildrand, das Innen und das Außen umfassend, und erweckt so den Anschein, daß es sich in die Unendlichkeit ausdehnt. Die Fülle und die Wucht des Netzes, das das ganze obere Bilddrittel einnimmt, wird schließlich in dem zupackenden Griff der Männer im Boot gebündelt. Es ist, als würden sie die ganze Welt in Händen halten, um sie ans rettende Ufer zu ziehen. Das Netz ist übervoll. Fisch an Fisch drängt sich darin, und man fühlt sich an den Satz erinnert, den Jesus einst zu Petrus gesagt hat: „Von nun an sollst du Menschen fischen."

Trotz der Fülle, die diese Männer in den Händen halten, gilt ihre Aufmerksamkeit dennoch nicht dem Netz. Ihr Blick ist auf die Figur im Vordergrund gerichtet. Auf sie hin sammelt sich die ganze Dynamik des Bildes. Hier steht der auferstandene Herr, erkenntlich an seinen Wundmalen, am Ufer wie ein Fels in der Brandung.
In der Unruhe der wogenden Wassermassen ist er der ruhende Pol dieses Bildes. Wie ein Leuchtturm ragt er in den stürmischen See, das rettende Ufer und das sichere Land anzeigend. Durch die Größe seiner Gestalt wird seine alles überragende Bedeutung noch herausgehoben: Fast die Hälfte des Bildes nimmt er ein, die Figuren im Boot wirken im Vergleich zu ihm wie Zwerge.
Ein fragender Ausdruck liegt auf seinem Gesicht, der durch die fragende Geste seiner Hände noch unterstrichen wird. Sein ganzes Augenmerk gilt nur diesen sieben Männern im Boot.

Einer im Boot scheint ihn erkannt zu haben. Weit lehnt er sich über den Rand hinaus. Ein freudiges Erkennen liegt auf seinem Gesicht. Versunken in den Anblick des Freundes, scheint er alles andere um sich herum vergessen zu haben.
Ein anderer hat bereits die Beine über den Rand geschwungen und ist im Begriff, aus dem Boot zu springen. Auch auf seinem Gesicht spiegelt sich freudiges Erkennen wider. Er scheint nur noch von dem Gedanken beseelt zu sein, so schnell wie möglich zu Jesus zu kommen, ungeachtet aller Gefahren. Auf den Gesichtern der anderen fünf liegt eher noch ein ungläubiges Staunen. Dicht zusammengedrängt suchen sie den Halt aneinander, unfähig, ihre vordergründigen Sicherheiten loszulassen.

Das Boot mit den Jüngern ist durch eine Diagonale mit Jesus verbunden. Obwohl es von den Wellen hin und her geworfen wird, findet es einen festen Halt

in der offenen Hand Jesu, die fast wie ein Brückenschlag vom rettenden Ufer her wirkt. Untrennbar scheint das Schicksal dieser Männer mit der offenen Hand Jesu verbunden zu sein. Die gescharten Gegendiagonalen im Netz und in den Fischen bilden ein Gegengewicht zu dieser Beziehung und erhöhen so die Spannung, die dieses Bild durchzieht.
Das ganze Bild ist mit dynamisch bewegten Linien gestaltet: die Uferlinie, die Wogen, das Schiff, die Menschen, die Fische und das Netz. Die Dynamik durchdringt und verbindet alles. Alles ist in Bewegung, und Bewegung ist ja letztlich Leben, Beziehung. Der einzige senkrecht-waagrechte Bezug, die einzige statische Komposition ist im Kreuzesnimbus der Jesusfigur zu finden. Hier ist der ruhende Pol, von dem aus alle Bewegung getragen und gehalten wird. So werden noch einmal die Ruhe und die Kraft, die von Jesus ausgehen, unterstrichen. Das Toben des Sees und der Kampf der Jünger mit den Gewalten der Natur, der sie ihre Beute abringen, laufen so auf die Gestalt zu, die von sich sagen kann: „Ich bin der Ich-bin-Da!"

„Ich bin da", mitten im bewegten Leben, in der Haltlosigkeit und im Geworfensein, in der Überforderung und in der Ausweglosigkeit – das ist die tiefste Erfahrung, die die Jünger nach dem Karfreitag machen konnten. Noch erschüttert von der größten Enttäuschung und Katastrophe ihres Lebens, kehrten sie zu ihrem Alltag zurück. Sie mußten versuchen, mit dem Zusammenbruch ihrer Träume und Hoffnungen fertigzuwerden. Sie mußten lernen, mit ihrer Schuld zu leben, den Freund verraten und verlassen zu haben. In ihren Herzen wird es wohl so stürmisch zugegangen sein, wie es die Wellen auf diesem Bild zeigen.
In dieser Verlorenheit machen sie nun die Erfahrung: Jesus ist da! Dort, wo wir keinen Halt mehr haben, hält er uns. Wo wir keinen Weg mehr sehen, findet er ganz neue Wege. Wo für uns alles im Tod versinkt, läßt er neues Leben erstehen. Den Verräter verrät er nicht und dem Treulosen hält er die Treue. Ist es ein Wunder, daß Petrus nun nichts mehr im Boot hält? Daß er nur noch von dem Gedanken bewegt wird, endlich wieder bei Jesus zu sein?
Die dargestellte Perikope ist eine Frohbotschaft, eine „Mutmach"-Botschaft, die in den Alltag hineingesprochen wird. Jesus offenbarte sich seinen Jüngern im Alltag, in ihrem Kampf um das tägliche Brot. Sie sagt uns, daß sich der Auferstandene gerade auch in unserem Alltag offenbaren kann, auch in unserem Scheitern und vergeblichen Mühen. Sie ermutigt uns, in der Vergeblichkeit nicht aufzugeben, sondern im Vertrauen auf den, der das Unmögliche möglich macht, unsere Netze noch einmal auszuwerfen. Sie ermuntert uns, aus der Resignation immer wieder den Aufstand zu wagen und unter Schicksalsschlägen nicht zu verzweifeln, sondern den Hoffnungsfunken im Herzen zu nähren, daß jedes Ende der Anfang für etwas ganz Neues, Ungeahntes sein kann. Sie macht uns Mut, auch die Grenze des Todes zu überspringen in dem unerschütterlichen Vertrauen, daß wir mit ihm zum ewigen Leben erstehen werden.

Durch den Geist ist Gottes Liebe ausgegossen in unsere Herzen

Apg 2,1–13

Pfingsten – vielleicht das unbegreiflichste Kirchenfest des Jahres. Wer könnte schon den Heiligen Geist fassen, „begreifen“, der doch weht, wo und wann er will?
Auf dem Bild ist eine Menschengruppe dargestellt, für die das Pfingstereignis handgreiflich erfahrbar wird. Eine brennende Sonne zerreißt die Finsternis und hüllt die Menschen, die sich nach ihr ausstrekken, in gleißendes Licht. Sie werden eingetaucht in das Feuer, das verzehrt, läutert, reinigt und die Herzen in Brand steckt. So ist in den Flammen dieses Feuerballes auch ein Kreuz angedeutet, unter dem die vom Geist Ergriffenen stehen. Das Feuer des Geistes verbindet diese Menschen zu einer Gemeinschaft und schließt den Kreis zwischen Gott und den Menschen. Der Kreis ist das Symbol der Einheit und Vollkommenheit.
Die Einheit zwischen Gott und den Menschen und den Menschen untereinander wird durch den Geist wiederhergestellt.

Offen für das, was sich ereignet, strecken sich diese Menschen mit Leib und Seele ganz nach oben aus. Schutzlos stehen sie da, hautnah miteinander in Berührung . Jede einzelne Figur ist bereit zu empfangen, und als Gemeinschaft bilden sie eine Schale, in die der Heilige Geist fließen kann. Er ist es, der alle eint, der aus „Allein-Stehenden“ „Zusammen-Stehende“ und aus „Einzel-Gängern“ „Weg-Gefährten“ macht.
Die Gruppe bildet keine starre Form, sondern eine bewegte dynamische Gemeinschaft. Alle sind auf eine Mitte ausgerichtet, die den engen Kreis dieser Gruppe sprengt. Sie richten ihren Blick von sich weg auf ein gemeinsames Ziel. Jeder hat dabei seinen einmaligen Standort, seine individuelle Blickrichtung. Jeder erkennt von seinem Standort aus einen anderen Aspekt, und erst die Summe aller Erfahrungen bildet ein Ganzes.
Auffallend sind auch die Hände der Menschen: eine Hand ist wie zum Empfang nach innen geöffnet, die andere ist nach außen gerichtet, um das Empfangene weiterzugeben. Jeder erhält eine andere Gabe, mit der es nun zu wuchern gilt. Vom Geist bewegt und in die göttliche Dynamik des Gebens und Empfangens hineingenommen, wirken die Hände jetzt selbst wie Flammen. Wo Herzen entflammt sind, dort sind auch die Hände befreit zu heiligem Tun.

In der dargestellten Gemeinschaft hat eine Figur eine Sonderstellung. Die Frau in der Mitte, Maria, streckt ihre Hände nicht nach dem Feuer aus. Es scheint, als ob es direkt auf sie herabfallen würde. Ihre ganze Figur ist dem Betrachter zugewandt, ihre Arme sind einladend offen. Ihre offenen Hände verbinden die rechte und die linke Menschengruppe. In ihrer Person prallen zwei unterschiedliche Bewegungen aufeinander, die durch sie vereint werden. Sie wirkt wie ein Schlußstein in einem Gewölbe, der alles zusammenhält und verbindet.
Sie hat jedoch noch eine weitere Aufgabe. Gehalten von denen, die sich auf die gemeinsame Mitte hin ausrichten, wendet sie sich mit ihrer ganzen

Existenz denen zu, die vielleicht draußen in der Finsternis sind. Sie wird zum verbindenden Glied zwischen innen und außen, zwischen der linken und der rechten Seite, zwischen Himmel und Erde. In ihrer Person spiegelt sich das Kreuz aus dem Feuerball wider. Der Mensch, der versucht, die Gegensätze zu verbinden, steht in besonderer Weise unter dem Kreuz.

Drei Botschaften aus diesem Bild können uns das Pfingstereignis näher erschließen:

Pfingsten ist das Fest der offenen Hände und Herzen. Um den Geist aufnehmen zu können, braucht es offene Herzen und offene Hände. Um zur Einheit gelangen zu können, sind wir eingeladen, alles loszulassen, was wir an Last, Schuld oder erlittenem Unrecht mit uns schleppen. Wir sind eingeladen, uns selbst und die anderen freizusetzen und aus der Knechtschaft von Schuld und Aufrechnung zu entlassen. Verschlossene Herzen, verschlossene Hände, verweigerte Blicke und Worte verhindern das Wirken des Geistes unter uns.

Aus dieser Grundhaltung erwächst der zweite Gedanke: Pfingsten erlebt selten einer alleine, Pfingsten ist das Fest der Gemeinschaft.
Jeder einzelne ist dabei wichtig und unersetzlich. Den Reichtum einer Gemeinschaft bilden ja gerade die verschiedenen Blickwinkel und Standorte, die es zuzulassen gilt, damit sie vom Geist zu einem großen Ganzen verbunden werden können. Das geht jedoch nur, wenn wir auf unsere Schutzmaßnahmen voreinander verzichten, uns aufeinander einlassen und uns gegenseitig in Liebe zumuten.
Die pfingstliche Gemeinschaft zeichnet sich dadurch aus, daß sie aus der Erstarrung aufbricht und sich von den Impulsen bewegen läßt, die von innen und außen auf sie zukommen. Sie wird nicht von Uniformität bestimmt, sondern von der Originalität, mit der jeder einzelne an seinem Platz steht und seine Gaben und „Auf-Gaben" wahrnimmt.

Und daraus ergibt sich der dritte Punkt: Pfingsten ist das Fest der Mündigkeit.
Der Geist gebiert den Gedanken in unseren Herzen und das Wort in unserem Mund. Er bewirkt, daß auch Stumme reden und sich mitteilen können. Er befreit uns zur Mündigkeit, damit wir seinem Drängen in unserer Mitte Raum geben können, und er nimmt jeden einzelnen in Verantwortung.
Er ist es, der uns im wahrsten Sinne des Wortes begabt. Wenn wir uns vom Geist bewegen lassen, dann dürfen wir sicher sein, daß es uns an keiner Gabe fehlen wird, und dann wird sich auch immer ein Mitglied finden, das vermittelt und verbindet, in den eigenen Reihen und nach außen.
Lassen auch wir uns von Gott für eine solche Gemeinschaft „begeistern".

SENFKORN HOFFNUNG

Lk 13,18–19

„Wem ist das Reich Gottes ähnlich, womit soll ich es vergleichen? Es ist wie ein Senfkorn, das ein Mann in seinem Garten in die Erde steckte; es wuchs und wurde zu einem Baum, und die Vögel des Himmels nisteten in seinen Zweigen“ (Lk 13,18–19).

Ein mächtiger Baum mit einem breiten Stamm füllt das Bild. Das Zentrum dieses Baumes ist der gekreuzigte und auferstandene Christus. Sein Körper ist licht und strahlend, seine Arme sind weit ausgebreitet. Diese Geste hat eine doppelte Bedeutung. Zum einen deutet sie den leidenden Christus an, der ausgespannt am Kreuz hängt. Zum anderen wirken seine Hände einladend, so als würden sie alles an sich ziehen wollen. Die Last der Krone ruht auf seinen Armen, als wäre sie ein Nichts. Diese stabile, alles tragende Kreuzesstruktur wird auch durch den Kreuzesnimbus noch einmal unterstrichen.

Der gekreuzigte und auferstandene Christus ist das innerste Mark, das tiefste Mysterium dieser Gemeinschaft. Er ist der Blickpunkt, dem alles zugeordnet ist, und das Fundament, auf dem nun weitergebaut werden kann. Ohne ihn würde die ganze Gemeinschaft zusammenbrechen.

Die Menschen, die sich um Jesus herum gruppieren, bilden einen engen Kreis. Alle sind der unverzichtbaren Mitte zugeordnet. Ihre offenen Hände, die hinweisend und empfangend zugleich wirken, sind auf den gerichtet, der ihr innerstes Wesen und tiefstes Gepräge ist. Sie wirken wie die Speichen eines Rades. Jeder einzelne hat eine einzigartige Beziehung, seinen einmaligen und individuellen Weg zu Jesus. Er ist die Nabe, die die verschiedenen Wege zu einer Ganzheit verbindet.

Ihre Hände sind leer. Nichts haben sie zu bringen als sich selbst, alles empfangen sie von ihm. Von ihm her werden sie begabt, und das Empfangene wird mit der anderen Hand nach außen weitergegeben. So sind diese Menschen wie der Christus in ihrer Mitte in die Kreuzesform hineingespannt. Mit ihm sind sie zusammengeschlossen zu einer Leidens- und Auferstehungsgemeinschaft.

Die Gebundenheit dieser Gemeinschaft in der Mitte löst sich nach außen hin in Dynamik auf. Die Hände flattern wie Blätter, die vom Säuseln des Windes bewegt werden. Wie die Äste aus dem Mark des Stammes ihr Leben beziehen, so lebt auch ihre Bewegung von der Mitte her. Auf diese Weise wirken sie wie die verlängerten Hände Jesu. Es sind offene Hände. Niemand ist ausgeschlossen, der sie erfaßt.

Trotz der Vielfalt, die in dieser Gruppe herrscht, sind doch alle zu einer dichten Gemeinschaft verbunden. Über Christus finden alle zu einer Communio.

Wenn auch ein enger Kontakt nur zu denen besteht, die in unmittelbarer Nähe stehen, so wird doch über Jesus auch der Kontakt mit denen möglich, die einen entgegengesetzten Standpunkt haben oder die am Rande stehen. Jesus ist die Mitte, die alle vereinigt und die die Gegensätze zu einer fruchtbaren Gemeinschaft zusammenschließt. So kann es in dieser Gemeinschaft Menschen geben, die im innersten Kern, im engsten Kontakt mit Jesus stehen. Es kann aber auch solche geben, die sich ganz nach außen wenden, und andere, die noch neugierig und etwas unentschlossen am Rande stehen. Sie alle werden von den anderen mitgetragen und gehalten. Diese Gemeinschaft ist eingetaucht in ein helles Licht. Klar und kompromißlos treten ihre Konturen hervor. Es gibt keine Grauzonen, die ihren Anspruch entschärfen und ihr Heilsangebot verwässern könnten.

Der Titel dieses Bildes lautet „Senfkorn Hoffnung". Könnte dieses Bild nicht auch in unserer heutigen, von Krisen geschüttelten Kirche ein Hoffnungskorn werden, indem es unseren Blick wendet: weg von dem, was krank und brüchig ist, hin zu dem, was „Not-wendig" und wesentlich ist?
Die unverzichtbare Mitte, die nicht verstellt werden darf und der sich alle zuordnen müssen, ist der gekreuzigte und auferstandene Christus. Er ist das Herz und das Mark seiner Kirche. Wer nicht an ihn angeschlossen ist, verdorrt. Er ist die Quelle aller Gaben, die Mitte allen Handelns. Eine Gemeinde oder Gemeinschaft, in der nicht Christus in der Mitte steht, wird unfruchtbar und kollabiert schließlich irgendwann.
Durch den gekreuzigten und auferstandenen Christus ist diese Gemeinschaft auch geprägt vom Gesetz der Offenheit und damit vom Gesetz des Kreuzes. Jesus versammelt um sich Menschen, damit sie durch den Kontakt mit ihm seine „Grundbewegung" und „Grundhaltung" erlernen. Angeschlossen an den Lebensquell, der in ihrer Mitte entspringt, kann diese Gemeinschaft es wagen, die Hände einladend nach außen zu strecken und ihr Handeln vom Geist bewegen zu lassen. Geprägt von der Quelle, die sich in ihrer Mitte bedingungslos verströmt, kann auch die Gemeinschaft sich verströmen und allen die helfende und heilende Hand reichen. Sie hat es nicht nötig, jemanden auszugrenzen.
Schließlich ist diese Gemeinschaft noch geprägt von dem Gesetz der Statik durch Gegensätzlichkeit. Der, der mir diametral gegenübersteht, der mir am gegensätzlichsten ist, hält mich in Balance. Er bildet das notwendige Gegengewicht, damit mich die Fliehkraft des Lebens nicht hinausschleudert.
Könnte es nicht sein, daß ich gerade den am meisten brauche, der mir am schwersten fällt? Vielleicht bewahrt gerade er mich vor Selbstüberhebung, vor Illusion und Selbstgerechtigkeit? Vielleicht wird gerade er, der Anstößige, zum Anstoß meines Heiles, indem er mir meine wunden und heilsbedürftigen Stellen ins Bewußtsein bringt?

Über die Beziehung zu Christus wird die Verbindung mit allen möglich. Er schließt die Gegensätze zu einer Einheit zusammen und wandelt zerstörerische Spannung um in fruchtbare, schöpferische Brüderlichkeit. Im Blick auf ihn, den gekreuzigten und auferstandenen Herrn, brauchen wir keine Angst mehr zu haben vor Konflikten und Kontroversen, vor der Andersartigkeit des anderen. In einer solchen Gemeinschaft zu leben, ist spannend, vielfältig, heilsam und immer wieder überraschend.

Die Holz-schnitte von Sigmunda May

Wenn man heute den Namen von Sigmunda May auch hauptsächlich mit ihren Holzschnitten in Verbindung bringt, so stand diese Technik doch nicht am Anfang ihres künstlerischen Schaffens. Während ihres Studiums an der Kunstakademie Stuttgart lag ihr Schwerpunkt auf der Malerei.

Nach ihrem Staatsexamen beschäftigte sie sich intensiv mit der Plastik. Sie gestaltete den Altarraum einiger Kapellen und arbeitete dabei vor allem mit Holz und Stein. Schon in diesen frühen Werken fand sie zu der symbolhaften Reduktion der Gestalten auf das Wesentliche und Allgemeine, die später auch ihre Holzschnitte prägen sollte.

Schon bald nach ihrem Studium kam sie durch mehrere Begegnungen mit HAP Grieshaber mit der Technik des Holzschnittes in Berührung. Richtig zu eigen machte sie sich diese Technik jedoch erst, als ihr künstlerisches Schaffen durch ihre Schultätigkeit zeitlich stark eingeschränkt wurde. Heute ist der Holzschnitt charakteristisch für ihre Person und nimmt den Hauptteil ihres künstlerischen Werkes ein.

Die Technik des Holzschnittes

Der Holzschnitt ist die älteste graphische Druckkunst. Die frühesten erhaltenen Einblattholzschnitte in Europa stammen aus dem 14. Jahrhundert und wurden meist von Mönchen hergestellt, die auf diese Weise die Wahrheiten der christlichen Heilslehre verbreiten wollten.

Unter Albrecht Dürer erreichte der Linienholzschnitt im beginnenden 16. Jahrhundert seinen Höhepunkt. Ab dem 17. Jahrhundert wandelte sich die Kunst des Holzschnittes langsam zur reinen Reproduktionstechnik. Hauptberufliche Xylographen setzten vorgegebene Motive in die Drucktechnik um. Der technische Prozeß wurde immer mehr von der künstlerischen Leistung losgelöst. Erst die Erfindung der Fotografie Mitte des 19. Jahrhunderts befreite den Holzschnitt wieder aus dem reinen Reproduktionsverfahren zur künstlerischen Technik.

Im 19. Jahrhundert gelangten japanische Holzschnitte, die von der Linie, der Fläche und der Farbe her bestimmt waren, nach Europa. Inspiriert von diesen Bildern erlebte nun die Holzschnittkunst unter Gauguin, Munch und den Expressionisten der „Brücke" eine neue Entwicklung. Der Linienschnitt wurde vom Flächenschnitt abgelöst. Dadurch wurde der Holzschnitt von einer übergroßen technischen Perfektion wieder befreit und zu einer wesensgemäßen Einfachheit zurückgeführt.

In unserer Zeit hat vor allem HAP Grieshaber dem Schwarz-Weiß-Holzschnitt und dem mehrfarbigen

Flächenholzschnitt eine neue expressive Komponente von chiffrehafter Einfachheit und primitiver Formsprache verliehen.

Der Charakter des Holzschnittes wird von zwei Größen bestimmt: vom Material und von der Bearbeitung. Jedes Holz setzt der Bearbeitung einen gewissen Widerstand entgegen, der vom Künstler überwunden werden muß. Im Ringen mit dem harten Material findet er seine Form, wobei auch der Zufall noch eine erhebliche Rolle spielt. Dieser Kraftaufwand ist ein wesentliches Element dieser Technik. Die Härte des Materials zwingt zu graphischen Kürzeln, zu einer Reduktion auf das Wesentliche, um diesen Widerstand zu überwinden. So spricht der Holzschnitt eine karge Sprache, er ist sozusagen „das Vollkornbrot der Kunst" (Rainer Russ).
Der Schwarz-Weiß-Holzschnitt ist oft eine rein flächenbezogene Ganzheit aus Schwarz und Weiß, aus Linie und Fläche. Nicht die künstlerische Differenzierung, wie sie in der Farbe möglich ist, sondern die Verteilung von Schwarz und Weiß ist wesentlich. Die Eigenstruktur des Holzes verleiht dem Bild noch eine besondere Note. Holz ist etwas Lebendiges, das Leben hat dem Holz die Maserung ins Fleisch geschrieben, und so liegt es auch nahe, wesentliche Aspekte des Lebens in dieses Material zu schneiden. Der Holzschnitt ist jedoch mehr als nur eine Technik: er ist auch eine Lebensphilosophie.
Jeder Schnitt wird sichtbar, ob er gelungen ist oder nicht. Nichts kann ausradiert, nichts übermalt werden. Der Künstler muß mit jedem Schnitt, auch mit jedem Fehlschnitt leben. Er muß versuchen, ihn in das große Ganze zu integrieren und so zu einer neuen Ganzheit und einer neuen Dynamik zu kommen. Manchmal sind es gerade die „Schnitzer", die zu einer neuen Idee oder Form führen.
Zum anderen muß alles Überflüssige wegfallen, um die Ausdruckskraft des Holzschnittes zu erhöhen. Schwarz auf weiß wird das Zentrum der Aussage herausgehoben. Es gibt keine fließenden Übergänge, keine Farben, die dem Auge und dem Gemüt schmeicheln, keinen Zierat, der den Anspruch des Bildes etwas verharmlosen könnte. Der Künstler, der sich dieser Technik bedient, muß mit klaren Scheidungen, mit Ent-Scheidungen leben. Er muß sich am Wesentlichen ausrichten und mit Grenzen leben, die deutlich sichtbar werden und keine Kompromisse erlauben. Und doch kann sich in der Reduktion auf Schwarz und Weiß die Fülle offenbaren: „Wenn das Schwarz-Weiß stimmt, dann sind alle Farben da" (Japanisches Sprichwort).

Die Thematik der Holzschnitte von Sigmunda May

Während viele Künstler oft nur noch das Chaos darstellen, das sie innerlich und äußerlich erleben, und sich durch Verfremdung ausdrücken, macht Sigmunda May das Gegenteil. Ihre Bilder vermitteln eine Heilsbotschaft: das Heilsangebot Gottes an die Menschen. Immer wieder ist ihr Thema der Weg,

den Gott mit dem Menschen gegangen ist und den er in Jesus jeden Tag neu mit uns gehen möchte. Jedes Bild vermittelt eine personale Erfahrung und Begegnung mit Gott und den Menschen, in die der Betrachter mit hineingenommen wird.
Sigmunda May versucht durch Körperbewegung seelische Bewegtheit sichtbar zu machen. Obwohl sie anfänglich auch farbige Holzschnitte herstellte, beschränkte sie sich mit der Zeit nur noch auf schwarz-weiße Bilder. Sie erkannte, daß farbige Bilder zwar dekorativer, die schwarz-weißen aber, durch die Knappheit der Mittel, ausdrucksstärker sind. In ihrer knappen Sprache sprechen die Bilder so unmittelbarer und fordern zu einer Auseinandersetzung heraus.

Wie kann man die Bilder von Sigmunda May „lesen"? Dadurch, daß Sigmunda May oft Bibelworte darstellt, sprechen ihre Bilder so deutlich, daß man in Gefahr ist, zu schnell mit ihnen fertig zu sein. Um die Bilder als Ganzheit zu erfassen und zur Erfahrung werden zu lassen, braucht es jedoch ein „behutsames Sich-Herantasten" an das, was zur Erfahrung werden kann.

Einige wichtige Elemente kommen immer wieder vor und spielen für das Verständnis der Bilder eine große Rolle:

Die Maß- und Richtungsbezogenheiten in einem Bild sind von wesentlicher Bedeutung. Lineare Bezogenheiten, steigende und fallende Diagonalen, Schwerpunktbildungen durch Konzentration, die Verteilung von Schwarz und Weiß, von Linie und Fläche sind wichtige Strukturelemente, die eine Aussage betonen.
So können schlichte, auf den ersten Blick unscheinbare Linien, wie sie uns z. B. in Faltenwürfen oder sprechenden Gesten begegnen, die Aussagekraft eines Bildes erhöhen, indem sie Haltungen oder Bewegungen verstärken.
Auch die Kreuzesform ist ein Strukturelement, das man nicht nur in den Haltungen Jesu, sondern auch in den Gestalten der Menschen immer wieder entdecken kann. Symbolisch wird dadurch deutlich gemacht, wie das Leben oder fragliche Einstellungen durchkreuzt und durchbrochen werden.
Der Goldene Schnitt ist eine uralte harmonische Maßbezogenheit, die im Maß des Menschen verankert ist. Nach diesem Maß haben bereits die Griechen ihre Kunstwerke gestaltet, und auch die Kathedralen des Mittelalters sind oft bis ins kleinste vom Goldenen Schnitt bestimmt. Im Bildaufbau ist der Goldene Schnitt ein Strukturelement, zu dem der Künstler oft unbewußt findet.
Nicht zuletzt spielt die Symbolik der geometrischen Figuren und der Zahlen eine große Rolle, wenn man auch die formale Aussage eines Bildes erfassen möchte. So ist z. B. das Dreieck ein Symbol für den Dreifaltigen Gott und das Quadrat das Symbol für die Welt.

Die Figuren von Sigmunda May sind häufig deformiert, um den Ausdruck zu steigern. Die Gestalten

werden reduziert auf Gebärde und Bewegung. Ein allgemeingültiges Gesicht ist ihr wichtiger als eine möglichst lebensechte, portraithafte Darstellung. Um den Ausdruck der Augen zu steigern, wird der Stirn die Bedeutung genommen. Alles ist auf das Einfachste beschränkt. Das Wesentliche wird auf einen dichten Nenner gebracht. Keine Details sollen von der eigentlichen Aussage ablenken, die durch die Sprache der Hände, einer Gebärde oder das Bewegungsmotiv des Körpers ausgedrückt wird.
So spielt neben den oft übergroßen Händen, die das Handeln betonen, auch der Augen-Blick in den Bildern Sigmunda Mays eine große Rolle. Wichtige Begegnungen finden immer im Augen-Blick statt. Das heißt, es gibt Augen-Blicke im Leben eines Menschen, die es zu ergreifen gilt, wenn sich wirkliches Leben ereignen soll; Augen-Blicke, die eine Entscheidung fordern; Augen-Blicke, in denen das Heil begegnet.

Schließlich geht es in den Bildern von Sigmunda May immer um Bewegung, Bewegtwerden und Bewegtsein: die Bewegung der Liebe Gottes, die den Menschen entgegenkommt; die suchende, fragende und manchmal auch widersprüchliche Bewegung der Menschen auf Gott hin; der bewegte Jesus, der alle Menschen in seine Dynamik mithineinziehen möchte; die vollkommene Hingabe an den großen Rhythmus, der die Welt durchpulst. Bewegung bedeutet für sie immer Begegnung mit Gott, weil Gott selbst Bewegung und Dynamik ist.
Der Betrachter, der sich auf diese Bewegtheit einläßt, kommt so in Berührung mit den Bewegungsmotiven seiner eigenen Seele und letztlich mit seinem eigenen Urgrund: mit Gott.

Verzeichnis der Holzschnitte von Sigmunda May

13:	Der tanzende Prophet (1987)	90 × 110 cm
17:	Elija, steh auf (1976)	60 × 80 cm
21:	Ziehe deine Schuhe aus (1975)	60 × 80 cm
25:	Der Jakobskampf (1973)	65 × 65 cm
29:	Du hast meine Fesseln gelöst (1995)	60 × 80 cm
33:	Meine Augen haben das Heil gesehen (1982)	60 × 80 cm
37:	Was er euch sagt, das tut (1991)	110 × 85 cm
41:	Wenn du mich bitten würdest (1988)	100 × 120 cm
45:	Ich bin da wie einer, der den Säugling an die Wange hält (1993)	60 × 80 cm
49:	Deine Hand, o Herr, hast du auf mich gelegt (1979)	60 × 80 cm
53:	Alle, die ihn berührten, wurden geheilt (1988)	130 × 100 cm
57:	Der sinkende Petrus (1975)	90 × 120 cm
61:	Die beiden Brüder (1978)	60 × 80 cm
65:	Feuer auf die Erde zu werfen (1990)	130 × 150 cm
69:	Ich habe euch aufgespielt (1978)	60 × 80 cm
73:	Ecce homo (1987)	60 × 80 cm
77:	Ich habe den Herrn gesehen (1984)	120 × 100 cm
81:	Es ist der Herr (1989)	120 × 175 cm
85:	Pfingsten (1977)	100 × 120 cm
89:	Senfkorn Hoffnung (1978)	100 × 70 cm

Die Autorinnen

Sr. Sigmunda May, geboren 1937, Franziskanerin in Sießen, ist Kunsterzieherin in Stuttgart.

Sr. Christina Mülling, geboren 1958, Franziskanerin in Sießen, ist Lehrerin in Stuttgart.